|学|术|文|库|

财政性教育支出的经济增长质量效应研究

刘彦龙 薛钢 ◎ 著

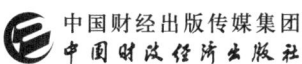

中国财经出版传媒集团
中国财政经济出版社

·北 京·

图书在版编目（CIP）数据

财政性教育支出的经济增长质量效应研究／刘彦龙，薛钢著. —北京：中国财政经济出版社，2025.8.
ISBN 978-7-5223-4209-2
Ⅰ.G526.7
中国国家版本馆CIP数据核字第20259UH828号

责任编辑：胡 博	责任校对：时智智
封面设计：陈宇琰	责任印制：史大鹏

财政性教育支出的经济增长质量效应研究
CAIZHENGXING JIAOYU ZHICHU DE JINGJI ZENGZHANG ZHILIANG XIAOYING YANJIU

中国财政经济出版社 出版

URL：http：//www.cfeph.cn
E-mail：cfeph@cfeph.cn

（版权所有　翻印必究）

社址：北京市海淀区阜成路甲28号　邮政编码：100142
营销中心电话：010-88191522
天猫网店：中国财政经济出版社旗舰店
网址：https：//zgczjjcbs.tmall.com
涿州汇美亿浓印刷有限公司印刷　各地新华书店经销
成品尺寸：170mm×240mm　16开　11.75印张　193 000字
2025年8月第1版　2025年8月河北第1次印刷
定价：68.00元
ISBN 978-7-5223-4209-2
（图书出现印装问题，本社负责调换，电话：010-88190548）
本社图书质量投诉电话：010-88190744
打击盗版举报热线：010-88191661　QQ：2242791300

前　言

在知识经济时代，教育已经成为影响一国人力资本积累水平和经济发展状况的决定性因素，相关理论研究和各国发展的历史经验也证实了教育投资在经济增长中的战略地位。改革开放以来，我国政府高度重视教育事业的发展并取得了一定的成绩，教育财政投入体制不断完善，教育财政投入规模大幅提升，财政性教育支出在推动经济社会发展方面的重要作用也逐步凸显。但是，目前我国教育财政投入仍面临地区结构失衡、层级分配不合理、人均水平偏低等问题，这在一定程度上弱化了教育财政投入促进经济持续健康发展的积极作用。与此同时，中国经济社会发展已进入新时代，已由高速增长阶段转向高质量发展阶段，迫切需要转换增长动力、转变发展方式、优化经济结构，以推动经济高质量增长。因此，在此现实背景下，充分发挥教育在新时代中国特色社会主义事业建设中的积极作用，切实解决财政性教育支出中存在的诸多问题，探讨财政性教育支出与经济增长质量的关系更具现实意义。

基于上述时代背景，本书在借鉴以往研究成果的基础上，试图从多角度、多层次分析财政性教育支出的经济增长质量效应。主要内容如下：第一，借助公共物品与外部性、人力资本以及经济增长等基础理论构建财政性教育支出影响经济增长质量的分析框架。第二，梳理中国改革开放至今教育财政体制的演进历程，对财政性教育支出的基本现状进行描述与分析，并通过比较分析指出现阶段财政性教育支出存在的主要问题。第三，在构建衡量经济增长质量综合指标体系的基础上，测算中国各省市的经济增长质量指数，并进一步对地区间经济增长质量的差异进行描述与分析。第四，利用实证分析方法检验财政性教育支出对经济增长质量的作用效果，具体而言，分别考察教育财政经费的投入规模和配置结构对经济增长质量的影响，借助中介效应模型对"财政性教育支出—人力资本积累—经济高质量增长"的内涵式增长路径进行实证检验,利用空间计量方法分析财政性教育支出影响经济增长质量的空间溢出效应。第五,结合主要研究结论,提出优化财政性教育支出促进经济高质量增长的相关政策建议。

通过以上研究,本书得到的主要结论如下。

第一,在财政性教育支出的现状分析方面,通过对财政性教育支出规模进行描述与分析发现,近年来我国财政性教育支出的绝对与相对规模均有所提高,与其他国家相比,我国教育财政投入的绝对规模并不低,而在相对规模方面,无论是公共教育支出占国内生产总值的比例,还是人均支出水平,同等收入国家和高收入国家的支出规模都高于我国。通过对财政性教育支出结构进行描述与分析发现,东部地区的教育财政投入水平显著高于中西部地区,地区间教育财政经费非均衡配置的现象依然存在。同时,与其他国家相比,我国各教育阶段的经费投入水平较低,且偏向于高等教育的财政投入结构比较明显。在经济增长质量的现状分析方面,测算结果显示,样本期间内各省市的经济增长质量均有所提升,经济增长质量较高的省市基本集中在东部地区,西部省市的经济增长质量相对较低。进一步利用 σ 系数对经济增长质量的地区差异进行分析后发现,地区间经济增长质量存在一定差距,且这种差距随着时间的推移略有扩大。

第二,财政性教育支出规模影响经济增长质量的实证分析结果显示,在总指数层面,财政性教育支出规模对经济增长质量的影响显著为正,且不同地区财政性教育支出规模对经济增长质量的积极影响存在差异。在分维度指数层面,财政性教育支出规模对福利变化与资源环境维度的影响显著为正,同时,由于我国城乡间教育财政投入水平存在一定差距,人力资本错配现象较为严重,导致财政性教育支出规模未对结构与效率维度产生显著影响。进一步分析发现,财政性教育支出规模与经济增长质量存在显著的倒 U 型关系,即当相对支出规模超出一定范围时,继续加大投入力度会损害其他领域公共支出的充足性,对经济高质量增长产生消极影响,那么对于"相对规模大、绝对规模小"的地区而言,当地政府应将工作重点放在优化支出结构与提高资金使用效率方面,中央政府则需要加大对这些地区的转移支付力度。财政性教育支出结构影响经济增长质量的实证分析结果显示,分级视角下,不同层级的教育财政投入均有助于推动经济增长质量提升,但各层级教育支出对经济增长质量的贡献存在差异,初等与中等教育的贡献率较高。总体视角下,过于偏向高层级教育的财政资金配置结构对于未来经济高质量增长的积极效应已经不再明显。因此,在教育财政资金供给存在约束的前提下,适当增加对初等与中等教育的财政投入是下一步提升经济增长质量的有效途径。

第三,财政性教育支出影响经济增长质量的路径检验结果显示,总体来看,存在显著的"财政性教育支出增加—人力资本积累—经济增长质量提高"的内涵式增长路径,并且较高的中介效应占比说明人力资本是财政性教育支出促进经济增长质量提升的重要中介因素。分地区看,中介效应存在明显的地区性差异,东部地区财政性教育支出通过促进人力资本积累进而提升经济增长质量的效率高于中西部地区。进一步分析发现,财政性教育支出在影响经济增长质量过程中的时滞性特征显著,以人力资本质量为中介变量的滞后期限为两年,以人力资本存量为中介变量的滞后期限为三年。因此,有效发挥财政性教育支出的经济增长质量效应,不仅取决于教育财政经费的支出规模、配置结构和使用效益,还要注重人力资本激励和管理工作,充分考虑作用过程中的时滞效应,以更加有效地利用财政性教育支出影响经济增长质量的人力资本传导机制,更好地服务于经济高质量发展。

第四,将空间溢出因素考虑在内的估计结果显示,财政性教育支出在影响经济增长质量时存在溢出效应,本地区政府的教育投入不仅可以促进辖区内经济增长质量提升,还可以对邻近地区的经济增长质量产生正向推动作用。正是因为教育投资具有这种空间溢出特征,地方政府可以同时享受到来自本地区与其他地区的教育投资收益,进而降低了地方政府教育投资的积极性。进一步在空间计量模型中引入人口流动以及财政性教育支出与人口流动的交互项,对财政性教育支出空间溢出效应的主要路径进行检验发现,人口流动是财政性教育支出空间溢出的主要渠道,并且人口流动对溢出效应具有增强作用。因此,政府在制定相关教育财政政策时,应充分考虑教育投资的空间溢出特征与人口流动状况,以有效调动地方政府教育投资的积极性。

在结合上述研究结论的基础上,本书主要从以下几个方面提出政策建议:第一,优化财政性教育支出地区结构,促进地区间教育财政经费均衡配置;

调整财政性教育支出层级结构,加大对基础教育的财政投入力度,适当降低高等教育财政投入占比;完善教育财政管理体制,强化中央政府在教育领域的支出责任。第二,优化人力资本空间配置结构,加强地方政府对人力资本的引导作用;促进人力资本合理流动,完善人力资本激励机制;建立教育投资补偿机制,提高地方政府的教育投资积极性。第三,拓宽教育经费来源渠道,推进办学主体多元化;完善教育经费监管机制,提高教育经费使用效率。

本书由兰州财经大学财政与税务学院刘彦龙副教授与中南财经政法大学财政税务学院薛钢教授合作完成,分工执笔情况如下:刘彦龙负责撰写导论至第五章,薛钢负责撰写第六章、第七章。特别感谢薛钢教授对本书撰写的全程指导,从选题方向的精准锚定,到研究框架的反复打磨,再到初稿完成后的细致完善,每一步都离不开薛钢教授的心血。

目 录

导论 ··· 1

第一章　财政性教育支出影响经济增长质量的理论分析 ············· 25
第一节　相关概念 ··· 25
第二节　财政性教育支出影响经济增长质量的理论依据 ········· 29
第三节　财政性教育支出对经济增长质量的影响机制分析 ······ 35
本章小结 ·· 48

第二章　财政性教育支出的发展历程与现状分析 ······················· 50
第一节　财政性教育支出的发展历程 ································· 50
第二节　财政性教育支出的现状分析 ································· 59
第三节　财政性教育支出存在的问题 ································· 76
本章小结 ·· 82

第三章　经济增长质量的测度与现状分析 ································ 84
第一节　经济增长质量的指标体系构建 ······························ 84
第二节　赋权方法、指标处理与数据说明 ··························· 90
第三节　经济增长质量的测算结果 ···································· 93
本章小结 ·· 98

第四章　财政性教育支出影响经济增长质量的实证分析 ············· 100
第一节　财政性教育支出规模对经济增长质量的影响 ··········· 100

第二节　财政性教育支出结构对经济增长质量的影响 …………… 110

　　第三节　稳健性检验 ………………………………………………… 117

　　本章小结 ……………………………………………………………… 120

第五章　财政性教育支出影响经济增长质量的路径检验 …………… 122

　　第一节　研究设计 …………………………………………………… 122

　　第二节　基于人力资本的中介效应检验 …………………………… 127

　　第三节　财政性教育影响经济增长质量的滞后效应分析 ………… 134

　　本章小结 ……………………………………………………………… 137

第六章　财政性教育支出、空间溢出与经济增长质量 ……………… 139

　　第一节　财政性教育支出与经济增长质量的空间特征 …………… 139

　　第二节　研究设计 …………………………………………………… 146

　　第三节　财政性教育支出影响经济增长质量的空间溢出效应分析 … 149

　　本章小结 ……………………………………………………………… 156

第七章　优化财政性教育支出促进经济高质量增长的政策建议 …… 157

　　第一节　优化财政性教育支出结构，完善教育财政管理体制 …… 157

　　第二节　优化人力资本空间配置，建立教育投资补偿机制 ……… 162

　　第三节　拓宽教育经费来源渠道，完善教育经费监管机制 ……… 164

参考文献 ………………………………………………………………… 167

导　论

一、选题背景和研究意义

（一）选题背景

在知识经济时代，教育对于经济发展的影响举足轻重，以 Schultz 和 Becker 为代表的人力资本理论认为，随着人类社会科技进步和经济发展方式转变，人力资本在经济发展中的作用越发凸显，甚至超越物质资本，成为决定经济增长的主导要素，而教育投资则是促进人力资本积累的主要途径。内生增长理论认为一国经济可以在不依靠外力推动的条件下实现长期增长，其中内生的人力资本、技术进步和知识积累等要素是推动经济稳定发展的内在动力，而教育无疑是形成这些内生要素的主要力量。同时，各国发展的历史经验也证实了教育投资在经济增长中的战略地位。一些物质资源相对匮乏的国家，凭借其充足的教育投资和知识积累，经济实现了突飞猛进的增长。如日本在 1956—1973 年，国民生产总值年均增长 10% 以上，工业生产增长了 8.6 倍，创造了经济发展史上罕见的经济增长奇迹，一跃成为仅次于美国的第二大经济体。韩国在 20 世纪 60 年代，教育经费占国民生产总值的平均比重达到了 8.8%，到 80 年代，小学、初中和高中的入学率达到了 100%、94% 和 80%，与此同时人均国民生产总值由 1962 年的 81 美元增长到了 1996 年的 10763 美元。新加坡在 20 世纪 70 年代至 80 年代中期，注重教育投资和人力资本开发，提倡经济与科研相结合，不断提高劳动生产率，实现了经济的长期快速增长。由此可见，教育在推动经济增长方面发挥着重要作用。

改革开放以来，中国经济依靠经济全球化和国内经济制度与要素成本优势实现了 40 多年的高速增长，GDP 从 1978 年的 3678.7 亿元增长至 2020 年的1015986.2亿元，以不变价格计算，上涨了近39倍①。然而，经济高速增长的背后却存在资源浪费、环境污染、结构失衡等一系列质量问题，从而使经济持续健康发展和全面建设社会主义现代化强国面临风险与挑战。党的十九大报告提出，"中国特色社会主义已进入新时代，国民经济已逐步转向高质量发展阶段，正处在转换增长动力、转变发展方式、优化经济结构的攻关期"。2018年中央召开的经济工作会议指出，"要深化改革开放，提升科技创新能力，加快经济结构优化升级，加快绿色发展，以推动经济高质量发展"。2020年党的十九届五中全会再次强调，"高质量发展是未来一段时间经济社会的发展主题，要在质量效益明显提升的基础上实现经济持续健康发展"。中国经济已进入高质量发展阶段的重大历史判断为我国未来经济发展、政策制定和宏观调控提出了新任务，同时也为研究教育与经济增长的关系指明了新方向。

此外，中国的人口红利正在逐渐消失。一方面，近些年15—64岁劳动力人口明显下降，2013—2020年全国15—64岁人口年均增长率为-0.55%，相比于2013年，2020年15—64岁人口数下降了3806万人。另一方面，全国人口总抚养比在2010年终止了逐年下降的趋势，此后人口总抚养比由2010年的34.2%逐年上升至2020年的45.9%②。蔡昉（2010）将2004年定义为中国的"刘易斯拐点"，亚洲生产力组织认为中国的"刘易斯拐点"在2005—2010年。"刘易斯拐点"出现意味着劳动力充分供给的优势将逐渐消失。在此时代背景下，要提升经济增长质量，亟须提高人口质量、实现人力资本积累，以人力资本红利替代人口数量红利。

教育是促进人力资本积累的主要方式，也是推动经济高质量增长的关键因素，教育投入则是提升教育事业发展水平的物质前提。近年来，我国逐渐重视财政在教育事业发展中的作用，并推行了一系列政策措施。2010年国务院颁布《国家中长期教育改革和发展规划纲要（2010—2020）》，指出"教育投入是公共财政的重要职能，是支撑国家长远发展的基础性、战略性投资。要健全以政府投入为主、多渠道筹集教育经费的体制，大幅度增加财政性教

---

① 数据来源：国家统计局.2020年国民经济和社会发展统计公报[R/OL].（2021-02-28）[2020-03-12]. http：//www.stats.gov.cn/tjsj/zxfb/202102/t20210227_1814154.html.

② 数据来源：《中国统计年鉴2020》；国家统计局.第七次全国人口普查公报（第五号）[R/OL].（2021-05-11）[2021-06-12]. http：//www.stats.gov.cn/tjsj/zxfb/202105/t20210510_1817181.html.

育投入"。2012年国务院政府工作报告和2018年颁布的《关于进一步调整优化结构提高教育经费使用效益的意见》继续强调要保障教育经费充足,确保财政性教育支出占GDP的比重高于4%,要优化财政性教育经费的使用结构,以解决教育发展不平衡不充分问题。从我国财政性教育支出的变化趋势来看,支出总量从2000年的2562.61亿元增长到2020年的42891.00亿元,年均增长率为15.13%。财政性教育支出占GDP的比重由2000年的2.56%上升到2020年的4.22%,并且连续9年超过4%。虽然我国财政性教育支出总量的增长幅度明显,但与国际平均水平相比,支出规模仍显不足。以2020年为例,我国财政性教育支出占GDP的比重为4.22%,同期世界平均水平为4.5%,高收入国家为4.9%,中等收入国家为4.4%[①]。除此之外,我国教育财政投入还存在地区结构失衡、层级分配不合理、人均水平偏低等问题。

教育兴则国兴,教育强则国强。在我国经济社会发展进入新时代和人口红利逐渐消失的宏观背景下,充分发挥教育在现代社会发展中的经济功能,切实解决财政性教育支出中存在的诸多问题,清晰把握财政性教育支出与经济增长质量的关系是转换增长动力、转变发展方式、推动经济高质量增长的有效途径,也是亟待研究的重要课题。基于此,本书试图从多角度、多层次探究财政性教育支出对经济增长质量的影响,以期为推动我国教育事业发展、提升经济增长质量提供相应借鉴。

(二)研究意义

1. 理论意义

国内外学者依托人力资本理论与内生增长理论对政府教育投入与经济增长的关系进行了充分研究并得出了丰富结论。但是,仍存在一些值得进一步研究的问题:首先,学者们在研究此问题时,更多是探讨教育财政投入与经济增长数量的关系,忽略了教育财政投入的经济增长质量效应。其次,人力资本理论认为教育支出通过促进人力资本积累,从而推动经济增长。然而,现有文献更多重点分析了教育财政投入或人力资本的经济增长效应,对于人

---

① 数据来源:《国际统计年鉴2020》;中华人民共和国教育部. 2020年全国教育经费执行情况统计公报[R/OL]. (2021-04-27)[2021-06-11]. http://www.moe.gov.cn/jyb_xwfb/gzdt_gzdt/s5987/202104/t20210427_528812.html.

力资本在教育财政投入作用于经济增长过程中的传导效应还缺乏验证。最后，在类似中国的大国环境下，人口流动和贸易往来日益频繁，财政性教育支出的影响不仅限于本地区，应该在一定程度上惠及或影响其他地区，从而产生空间溢出效应，因而有必要将空间溢出效应考虑在内，进一步分析财政性教育支出在影响经济增长时的空间互动关系。综上所述，本书将借助公共品与外部性、人力资本和经济增长等理论，阐述财政性教育支出影响经济增长质量的作用机制，并利用多种计量模型对财政性教育支出影响经济增长质量的重要环节和主要路径进行实证检验，以期进一步拓展关于财政性教育支出与经济增长关系的相关研究。

2. 现实意义

第一，中国经济已进入高质量发展阶段预示着以往依靠要素投入和规模扩张的粗放式增长已难以为继，以劳动力素质提升、技术进步、现代化经营管理为特征的集约式增长将是未来经济发展的主要方式。此外，"刘易斯拐点"的到来也使我国经济社会发展面临劳动力短缺与劳动力成本提高的挑战。提升劳动力受教育程度不仅可以促进发展方式转变，实现集约型增长，而且可以有效弥补人口红利消失对经济增长产生的负面影响。因此，适时探讨财政性教育支出的经济增长质量效应对于提高人口质量、促进技术进步、转变发展方式、实现经济高质量增长具有重要现实意义。

第二，由于当前全球经济增长乏力，外部形势复杂多变，加之政府陆续推出的一系列减税降费举措使得财政收入形势较为严峻，收支平衡压力较为突出，财政性教育支出总量的上升空间较小。数据显示，2000—2008 年财政性教育支出的年均增长率为 16.11%，而 2009—2020 年的年均增长率为 13.37%。与此同时，财政性教育支出占国内生产总值的比重由 2012 年的 4.28% 波动式下降至 2022 年的 4.22%。我国财政性教育支出还存在区域结构失衡、层级结构不合理等问题，这也是导致教育事业和经济发展非均衡的主要原因，而区域协调发展是体现高质量增长的重要方面。因此，在财政性教育支出总量相对有限的前提下，深入分析财政性教育支出结构与经济增长质量的关系，以揭示教育财政投入推动区域均衡发展、提升经济增长质量的有效方式，同时也为政府及相关部门的政策制定与实施提供依据。

二、文献综述

（一）关于财政性教育支出的研究

1. 财政性教育支出规模

财政性教育支出规模是关乎教育事业能否持续稳定发展的关键节点，也是满足全体社会教育需求的重要财力保障，国内外学者主要从两个方面对其进行了相关研究：一是分析财政性教育支出规模的影响因素；二是探讨财政性教育支出的充足性。

在第一类研究中，国内外学者从不同角度研究了影响财政性教育支出规模的因素，部分学者认为国家或地区的人口规模与结构、财政收入能力和教育政策目标是制约其财政性教育支出规模的主要因素，通常来说，学龄人口规模越大，财政收入能力越强，对教育事业的重视程度越高，则政府用于教育领域的投入越多（Alesina 和 Wacziarg，1998；Burney，2002；Granado 等，2005）。Keen 和 Marchand（1997）考察了地方政府竞争对公共教育支出规模的影响，他们认为地方政府为吸引流动性资本会采取降低税收的策略行为，从而降低了政府的财政支出能力，最终会改变地方政府的公共支出偏向，生产性公共支出的规模会提高，而包括教育在内的消费性公共支出的规模可能会缩小。Cai 和 Treisman（2005）则认为政府间竞争不会影响经济条件较好地区的公共教育支出规模，而经济条件较差地区的情况则不同。席鹏辉和黄晓虹（2020）探究了政策冲击对财政性教育支出规模的影响，研究结果显示2010年的教育支出改革显著扩大了地方政府的教育支出规模，而在2012年实现"财政性教育支出占 GDP 比重4%"的目标后，地方政府的教育支出规模相对稳定，没有出现明显的增长趋势。杜博士和吴宗法（2021）讨论了地方政府官员变动对教育财政投入水平的影响，研究发现省级层面的官员变更未对教育投入水平产生显著影响，地市级层面的官员变更可以显著提高教育投入水平，并且相比于市委书记更替，市长更替对提升教育投入水平的积极作用更大。

还有部分学者对财政性教育支出的充足性进行了讨论。陈晓宇（2012）通过数据分析认为人员支出占教育事业费的比重可以有效反映教育经费的充足与否，人员支出占比高表明教育经费相对紧张，这为判断财政性教育支出的充足度提供了可行方法。此外，他还根据《国家中长期教育改革和发展规划纲要（2010—2020年）》的教育规模发展目标，预测2020年我国财政性教育支出占GDP比重的合理规模为4.45%。张新文和李文军（2013）对OECD国家的公共教育支出进行分析后认为，目前我国财政性教育支出占GDP 4%的目标较为合理，并进一步将"占GDP 4%"的支出目标进行了分解，结果显示在剔除中央财政性教育支出后，地方政府的教育支出目标为3.39%。陈纯槿和郅庭瑾（2017）对财政性教育支出规模进行横向比较得出：就绝对规模而言，与同期其他世界主要经济体相比，我国财政性教育支出在2008—2013年的增速高于其他国家；就相对规模而言，我国财政性教育支出占GDP的比重已经接近中等偏上收入国家的平均水平，但相比于高收入国家，还存在一定差距。

2. 财政性教育支出结构

财政性教育支出结构是指在一定的财政体制和教育体系下，教育财政经费用于各教育机构、各教育阶段和各地区的数量、比例及其相互关系，体现了政府在教育领域的支出偏向与发展重点，合理的财政性教育支出结构是保证教育公平、实现教育资源有效配置的重要前提。根据教育财政经费的不同使用途径，国内外学者主要对财政性教育支出的地区结构、城乡结构和层级结构进行了理论与实证研究。

Martin（1991）和Bary（1996）在研究中指出，只要是教育经费由国家财政负担，那么地区间教育资源配置的非均衡问题就无法避免。这是因为政府提供教育服务的能力取决于当地政府的财政收入水平和阶段性发展目标，而各地区的经济发展水平和政策目标各异，所以在配置教育资源时存在差异。国内学者也围绕这一问题进行了相关研究。廖楚晖（2008）运用动态分析法研究了中国政府教育支出的地区非均衡问题，结果表明：在教育发展目标既定的情况下，随着政府教育支出规模的增加，地区间教育资源配置不均衡的现象仍未改变，甚至在人均政府教育支出较高的地区还存在政府教育支出过剩和效率损失的问题。李贞（2012）在研究中考察了财政性教育支出规模的变化趋势和财政性教育支出地区结构差异的收敛性，分析发现在1991—2009年我国GDP的增长速度高于财政性教育支出规模的增长速度，支出规模低于发达国家平均水平且不符合教育经费超前增长的发展规律。在支出结构方面，总体上我国财政性教育支出的地区差距呈缩小趋势，但就东、中、西三大地区而言，地区间差异仍然较大。叶杰和周佳民（2017）利用泰尔指数分析了1997—2013年中国省域间生均教育经费存在差异的财政性原因，研究得出人均财政收入是影响生均教育经费省际差异的主要因素，并且财政收入较高地区教育经费的省际差异较大。

公共教育服务的城乡差距是导致后期众多城乡发展不平衡问题的重要原因，而财政性教育支出的城乡差距是造成公共教育服务非均衡的内在动因。黄少安和姜树广（2013）从公共服务均等化的视角考察了城乡基础教育财政支出的结构及其变化趋势，结果显示在"基本公共服务均等化"政策的推动下，城乡基础教育财政投入的差距正逐步缩小，但教育质量的差异仍较明显，要实现公共教育服务均等化的目标，还需进一步加大对农村地区的经费投入力度。吕炜等（2015）认为城乡教育财政投入差距是造成城乡教育不平等的主要原因，其中初中教育财政投入的城乡差距对城乡教育不平等程度的贡献较大，而加大对农村地区初中教育的财政投入有助于改善城乡教育不平等现象。吴春霞等（2009）实证研究了影响城乡义务教育财政投入差距的主要因素，分析表明城市化水平的提升有利于缩小城乡义务教育财政投入差距，而随着财政分权度和政府对教育重视程度的提高，城乡义务教育财政投入差距会被进一步拉大。

我国经济发展正处于转型时期，面临着增长动力转换、经济结构调整等问题，发展方式的转变需要不同层次的人才，同时也要求与之相适应的教育投入层次结构。白彦锋和俞惠（2013）从三级教育对财政资金的需求量和对经济的贡献率出发，采用成本效益、层次分析等研究方法，分析了2011年中国三级财政性教育资金分配比例的合理性。其研究结果认为，初等和中等教育对资金的需求量和对经济的贡献率均显著高于高等教育，而目前中国高等教育所占财政经费的比重偏高，应进一步将三级教育的资金分配比例调整至4.5∶4∶1.5。印月（2013）通过比较分析认为我国财政教育投入结构不符合教育投入的一般规律，三级财政性教育支出的比例失衡，初中等教育的投入不足，高等教育的投入偏高，进而导致了"中层次人才短缺、高层次人才积存"的劳动力结构问题，而政府间财政关系失衡是导致层级结构不合理的主要原因。周远翔等（2019）选取2010—2016年中国31个省级单位的相关数据，对各层级教育的财政投入收敛性进行考察发现，在不考虑空间溢出效应的前提下，学前、初等和中等教育均出现了条件 β - 收敛，进一步将空间溢出效应考虑在内，发现各级教育财政投入的收敛性均出现了不同程度的加强，即教育层级越高，其溢出效应越强。此研究结论说明，财政性教育支出的空间互动关系也是影响研究结果的重要因素，在研究财政性教育支出相关问题时，应将区域间的关联互动行为考虑在内，全面考察时间与空间的作用结果。

3. 财政性教育支出的溢出效应

Oates（1972）和Besley（2003）在较早时期的研究中均指出公共支出具有溢出效应，而财政性教育支出作为公共支出的重要组成部分，在其满足教育公共需求的过程中是否同样存在溢出效应，少数相关研究给出了答案。李世刚和尹恒（2012）通过研究得出，相邻县域间的教育财政支出存在显著的空间溢出效应，并且属于同一地级市的县域间的溢出效应更强，而这种溢出效应具体表现为县域间教育财政支出的替代关系，即当本县级政府增加教育财政投入时，邻近县级政府会相应减少教育财政投入。顾佳峰（2012）从县际竞争的视角研究了财政性教育支出的溢出效应，他认为县际竞争的结果通常会产生溢出效应，而这种溢出效应在教育财政领域较为突出。刘建民等（2018）利用修正的引力模型检验出我国地区间财政性教育支出呈现出多层次的空间溢出关系，按照溢出效应的强度可以将全国各省份分为具有双向溢出效应的核心地区、溢出效应较强的半边缘地区和溢出效应较弱的边缘地区，并且在这三类地区中，中心地区由于空间溢出效应最强，其财政性教育支出往往可以惠及半边缘地区与边缘地区。李盛基等（2016）通过实证分析得出财政性教育支出在影响农村贫困发生率时存在空间溢出效应，本地区财政性教育支出的增加不仅可以显著降低本地区的贫困发生率，而且可以有效降低邻近地区的贫困发生率。李盈萱和方毅（2021）考察了地市层面政府教育支出策略的空间互动关系，研究结论表明，邻近地区政府教育投入水平提高能够显著促进本地区政府增加教育投入，并且官员晋升机制与制度惯性也是影响地方政府教育支出策略的重要因素。

以上关于财政性教育支出的研究为我们揭示了教育事业发展的一般规律和我国教育财政领域存在的一些问题，同时也为本书研究财政性教育支出与经济增长质量的关系提供了有益参考：（1）一方面，随着经济社会的纵深化发展，教育普及程度、社会对专业型人才的需求和大众对教育质量的要求会越来越高，日益增长的教育需求需要匹配更大的教育支出规模；另一方面，不断增长的国民收入总量为提高教育投资提供了物质保障。因此，由政府主导教育支出的国家,在没有强烈外部冲击的前提下,财政性教育支出规模逐步增长是必然趋势。(2)在众多影响财政性教育支出规模的因素中,经济发展水平、居民收入和产业结构等变量不仅显著影响财政性教育支出规模,而且是经济增长质量的重要体现,因而在考察财政性教育支出与经济增长质量的数量关系时,需要避免内生性对实证结果造成的干扰。(3)政府主导教育支出对实现教育公平大有裨益,但政府在提供教育服务和配置教育资源时也存在资金浪费、效率损失、资源分配不均等问题。我国财政性教育支出结构在较长一段时间内都面临地区失衡、层级失调、城乡不均的问题,这样的支出结构在近几年是否有所改善,是否有利于提升经济增长质量或在多大程度上提升了经济增长质量,还需进一步深入研究。(4)部分研究指出财政性教育支出不仅存在空间互动关系,而且在影响其他经济要素时存在空间溢出效应,并且忽略财政性教育支出的空间溢出效应会降低实证研究结论的准确性,因而在研究财政性教育支出对经济增长质量的影响时,也应将空间溢出效应考虑在内。

(二)关于经济增长质量的研究

1. 经济增长质量的内涵与定义

在经济增长理论的发展历程中,经济增长的速度和效率是学者们长期关注的主要问题,但随着经济发展和社会进步,单纯追求经济数量增长的发展模式致使各种质量问题不断凸显,因而学界逐渐将研究重点转向经济增长质量。界定经济增长质量的基本概念是研究经济增长质量相关问题的前提,在现有文献中,一类是从单一视角狭义地界定经济增长质量;另一类是从多角度综合考察体现经济增长质量的各种因素,广义地定义经济增长质量。

(1)狭义的经济增长质量。狭义视角的研究主要以经济产出效率界定经济增长质量,具体可分为两类:一类直接以投入产出效率作为衡量经济增长优劣程度的主要标准;另一类从全要素生产率的角度出发,将全要素生产率对经济产出的贡献大小作为判断经济增长质量的依据。

在第一类研究中,卡马耶夫(1983)认为经济增长应同时包括消费效果提升、产品数量增加和生产效率提高。同时,他指出经济增长的质量问题在于保证生产要素与生产结果之间变动速度的最优比例。刘亚建(2002)用单位经济增长率所包含的剩余产品量来判断经济增长质量,即单位经济增长率中所消耗的物质资本逐渐减少是实现经济高质量增长的主要途径。同时，他还指出提升经济增长质量的根本出路在于加大对教育和科研领域的政府投入。沈利生和王恒（2006）从增加值率变动趋势的角度深入分析了投入产出效率，并根据研究结果得出投入产出效率与经济增长质量同向变动的结论。何强（2014）把投入产出效率的测度思想和影响经济增长质量的多元因素相结合，将经济增长质量定义为技术无效时的实际产出与技术有效时的最优产出之间的差距，二者间差距越小，经济增长质量越高。

在第二类研究中，刘丹鹤等（2009）指出经济增长质量与全要素生产率存在对应关系，高质量的经济增长往往伴随着高水平的全要素生产率，而加大教育和科研投入、消除机制性障碍是提高全要素生产率的有效手段。殷德生和范建勇（2013）认为转变经济增长方式、促进技术进步、提高劳动者素质和生产效率是提升中国宏观经济增长质量的首要选择，因而全要素生产率可以作为衡量经济增长质量的核心指标。传统意义上的全要素生产率未把环境和资源约束考虑在内，用其界定的经济增长质量不能完全符合我国人口众多、资源短缺的现实状况。唐建荣等（2016）的研究较好地弥补了以上缺陷，他们以绿色全要素生产率作为中国物流业经济增长质量的评判标准，并通过分析得出技术进步是推动绿色全要素生产率与经济增长质量提升的主要动力。

可以看出，狭义界定经济增长质量的相关研究，逐步将技术进步、环境与自然资源约束等因素纳入分析框架，不断探索和改进了研究思路和判断标准。这些虽然深化了对经济增长质量的理解，但仍然是在"效率"的范畴内界定经济增长质量，忽略了制度变迁、市场和产业结构升级、国民素质提高等因素对经济增长的贡献。并且，对于经济制度和产业结构处于转型中的国家来说，使用投入产出效率或全要素生产率作为评判标准会低估经济增长质量（陈长江和高波，2010）。因此，需要进一步拓展研究范围，给予经济增长质量更为广义的定义。

（2）广义的经济增长质量。在广义视角的研究中，经济增长质量的内涵得到了进一步延伸。Barro（2002）从健康、生育率、收入分配、政治制度、犯罪和宗教信仰等方面综合考量了经济增长质量。虽然他没有明确定义经济增长质量，但通过研究强调了经济发展中的一些质量维度，为经济增长质量内涵的界定提供了有价值的参考。李变花（2005）认为高质量的经济增长应具备以下特征：技术进步是推动经济增长的主要动力；实现环境友好型的经济增长且增长率波动较小；物价稳定在合理区间内；市场总供求基本保持平衡；经济增长可以显著改善居民的生活质量。赵英才等（2006）对经济增长理论进行剖析后认为经济增长质量是数量扩张与质量提升的有机结合，进而将经济增长质量的内涵分为三个层次：首先用投入产出效率体现经济增长质量的"数量"属性，其次用最终产品和服务的质量体现经济增长质量的"质量"属性，最后用环境和生存质量体现经济增长质量的可持续性。刘树成（2007）认为提升经济增长质量是解决我国经济发展中突出矛盾的有效方法，而提升经济增长质量应从以下四方面入手：增长态势的稳定性、增长结构的协调性、增长方式的可持续性和增长效益的和谐性。方迎风和童光荣（2014）从效率和福利的角度界定了经济增长质量，其中效率用于衡量经济增长的速度与持续性，福利用于衡量经济增长的普惠程度和减贫效应。在具体的指标划分中，他们将效率细分为政府消费、外部冲击、资本投资、科研投入和人力资本，将福利细分为居民收入、通货膨胀、空气污染和失业率。张腾等（2021）在研究财政分权与晋升激励对经济增长质量的影响时，从经济结构、国民素质、增长稳定性、全要素生产率、社会福利和自然环境六个维度综合界定了经济增长质量。

任保平在一系列研究中，系统地研析了经济增长质量的理论框架、基本命题和内在要求，并在此基础上阐释了经济增长质量的内涵和度量方法。首先，将经济增长质量理论界定为对现有经济增长理论的拓展和完善，主要体现在以下几个方面：将研究对象从经济增长的驱动力扩展到了经济增长的驱动力、结果与前景；将研究范围从经济系统拓展到了经济系统、社会系统和自然系统；将研究方法从数量型经济增长的实证主义方法论扩展到了质量型经济增长的规范性方法论；将政策框架从短期政策扩展到了长期政策，从经济政策扩展到了经济、社会和环境政策（任保平，2013）。其次，从经济结构、生产效率、资源环境、持续性、福利分配与制度等方面阐述了经济增长质量的基本命题，给出了经济增长质量的内在要求，即要求提高经济增长过程中的投入产出效率；要求合理利用和有效保护自然资源与生态环境；要求提高居民的福利水平；要求坚持公平原则（任保平，2012）。最后，在系统分析的基础上将经济增长质量定义为经济增长数量积累到一定阶段时，经济增长所体现出的生产效率提高、创新能力提升、稳定性增强、结构优化和福利分配改善（任保平，2012）。

以上研究均从宏观视角分析和定义了经济增长质量，而程虹和李丹丹（2014）认为从宏观角度界定的经济增长质量缺乏相应的微观基础。因此，他们把宏观经济增长质量理解为微观产品质量的积累，并将经济增长质量定义为一国所生产出的最终产品能够满足社会需要的能力，而社会需要主要包括投入产出效率、增长可持续性、社会福利和结构优化等内容。

2. 经济增长质量的测度方法

经济增长质量的内涵界定为测度经济增长质量提供了理论依据，相应地，关于测度经济增长质量的研究也可分为两类：一是采用特定单一指标，在"数量"的范畴内扁平化地考察经济增长质量，侧重于衡量经济增长效率；二是构建多维度、多层次的指标评价体系，广义地衡量经济增长质量的综合指数，侧重于衡量经济增长质量的优劣程度，即对经济增长质量进行价值判断。

（1）狭义的测度方法。在狭义测度经济增长质量的研究中，大部分学者选取全要素生产率衡量经济增长质量，这是因为全要素生产率囊括了经济结构、技术进步、资源配置、产品质量和管理模式等诸多方面的内容。但在全要素生产率的测算方面，学者们采用了不同的方法。Gregory 等（2002）利用柯布—道格拉斯模型估算了中国的全要素生产率，结果显示全要素生产率的提高可以促进中国经济增长。肖欢明（2014）将传统柯布—道格拉斯生产函数中的 GDP 因子替换为绿色 GDP，运用索洛残差法估算了环境和自然资源约束下的全要素生产率，以代表经济增长质量。测算结果显示在 2001—2011 年，中国经济增长质量呈现出先下降后上升的变动趋势，且谷值和峰值分别出现在 2005 年和 2011 年。冯海波和葛小南（2020）同样使用绿色全要素生产率衡量经济增长质量，并采用数据包络分析法（DEA）具体测算全要素生产率。黄志基和贺灿飞（2013）采用 OP（Olley - Pakes）法估计了中国制造业的全要素生产率，实证检验了创新投入与城市经济增长质量的数量关系，得到了创新投入有利于提升城市经济增长质量的结论。

（2）广义的测度方法。广义测度经济增长质量的研究从不同角度和深度构建评价体系，采用主观或客观的赋权方法综合测算了经济增长质量指数。在采用主观赋权法的文献中，于敏和王小林（2012）从经济增长的可持续性、贫困与收入分配、经济机会的公平性和社会保障四个维度构建指标体系，采用专家座谈法测算了包容性增长指数，结果显示在 1990—2009 年，中国包容性增长指数的提升幅度较大，但总体水平仍然较低，收入不平等现象的加剧制约了经济包容性增长。由于该指数从改善居民生活质量和促进社会公平的角度衡量了经济增长成果，因而也在一定程度上反映了经济增长质量。师博（2018）和马茹等（2019）在阐释经济高质量发展内涵的基础上，采用等值赋权的方法测算并分析了中国经济高质量发展现状。由于二者选取了不同的测算指标和数据处理方法，得出的经济增长质量绝对数值存在差异，但就2016年各省份的排名来看，二者测算结果的相似度较高，都呈现出东部省份较高、中西部省份较低的分布态势。

在采用客观赋权法的文献中，魏婕和任保平（2012）根据经济增长的过程与结果，从效率、结构、稳定性、环境代价、社会福利和增长素质六个向度建立了评价经济增长质量的指标体系，利用主成分分析的赋权方法综合测度了中国省级层面的经济增长质量。通过比较将全国各省区划分为五种类型：增长质量较高的四大直辖市、增长质与量同高的地区、增长质与量一致性较高的地区、增长质与量相差较大的地区和增长质与量同低的地区。詹新宇和崔培培（2016）同样采取主成分分析法，从创新、协调、绿色、开放和共享的视角反映了2000—2014年中国经济增长质量的优劣程度。测算结果显示，除青海和西藏外，各省份的经济增长质量指数均呈现出波动式上升趋势。叶初升和李慧（2014）从发展经济学的视角出发，认为经济增长质量是经济量变过程中可行能力的提高，并利用结构方程模型对中国2010年的经济增长质量进行了测度与分析，得出了与以往研究不同的结果：中部地区的经济增长质量最低，西部地区的经济增长质量最高。他们认为出现这种现象的主要原因是人均GDP对可行能力存在偏效应，而西部地区的人均GDP高于其他两个地区，使得其最终得分较高。魏敏和李书昊（2018）结合我国经济发展新常态的现实情况，从经济结构、人民生活、生态环境、开放稳定共享和驱动力转变等五个方面构建了衡量经济增长质量的指标体系，利用熵值法和多目标线性加权函数法测度了2016年各省级行政单位的经济增长质量指数。从其测算结果来看，各省份间经济增长质量的空间差异较大，总体呈现出"东高西低"的基本特征。

李梦欣和任欣怡（2020）采用了主观层次分析法和客观变异系数法相结合的赋权方式，并在现有经济增长质量研究的基础上，将创新与信息化的因素纳入经济增长质量的评价体系。测算结果显示，2018年中国省域经济增长质量的区域差异较大，东部省份的经济增长质量明显领先于中西部省份。

纵观上述文献，国内外学者从狭义和广义视角对经济增长质量的内涵界定和测度方法进行了较为丰富的研究。在概念界定方面，无论是采用某种特定生产要素的投入产出效率，还是选取全要素生产率，都是在"效率"的范畴内界定经济增长质量，无法体现出经济体制改革、产业结构优化、福利分配改善、增长可持续性提高、生态环境恶化等因素对经济增长的影响，从而不能有效描摹出经济增长质量的全貌。因此，学者们从广义视角更为系统全面地界定了经济增长质量。

广义视角的研究对经济增长质量的研究范围、研究对象、研究方法和政策框架进行了扩充与完善。在研究范围方面，将生态环境系统中的自然资源消耗、环境污染代价和社会系统中的增长成果分配、居民生活质量等因素考虑在内，综合评判了经济系统、社会系统和生态环境系统有机统一下的经济增长优劣程度。在研究对象方面，狭义视角的研究重点是经济增长的动力源泉和产出效率，广义视角的研究不仅关注经济增长的动力源泉和产出效率，而且注重经济增长的后果与未来，注重在效率提升基础上的分享性、协调性和可持续性提高。就研究方法而言，广义视角的研究在原有实证性方法的基础上，进一步对经济增长质量进行了规范性的价值判断，评判了经济增长的优劣程度。在政策建议上，一方面，由于广义视角的研究范围涉及社会系统和生态环境系统，因而相关的政策建议也覆盖到了社会和资源环境层面；另一方面，广义的界定注重经济增长的可持续性与稳定性，进而需要在政策框架中加入长期性的政策建议。

由此看来，广义视角的界定方式更能确切且全面地阐释经济增长质量的内涵，也更符合我国当前注重创新驱动、结构协调、公平共享、绿色发展的现实状况。此外，在广义界定经济增长质量的文献中，虽然学者们根据不同研究目的界定的经济增长质量的具体概念各异，但是在"经济增长质量是一种规范性的价值判断"上已经达成了共识。

在测度方法方面，狭义视角的研究通常以全要素生产率代表经济增长质量，但随着经济社会多元化发展和人们对经济增长认识的加深，经济增长质量所涵盖的范围越来越广，仅凭借全要素生产率来衡量经济增长质量是不全面且不适应我国经济发展所处阶段的（郑玉歆，2007）。因此，近几年关于测度经济增长质量的研究多从广义视角出发，将与经济增长质量密切相关的各种因素纳入指标体系，并采用主观或客观的赋权方法综合测算经济增长质量指数。

学者们根据数据类型和研究需要选取了不同的测算方法，总体而言，两种视角的测算方法各有利弊。使用全要素生产率衡量经济增长质量具有数据处理量较小、计算过程简便的优势，因而在采用此类方法的文献中，测算结果的时间跨度普遍较大，可以体现出经济增长质量的变化趋势，也便于比较分析经济增长质量与其他经济因素的变动关系。但是全要素生产率只能片面地反映经济增长质量，并且存在低估经济增长质量的问题（陈长江和高波，2010），用其代理经济增长质量进行相关理论和实证研究，可能不利于得出符合现实情况且具有实际参考价值的研究结论，进而对政府政策制定与实施产生误导。广义测算经济增长质量往往涉及多项指标计算、多层次赋权和数据量纲统一等工作，测算方法较为烦琐，数据处理量较大，因而大多数文献只测算了某一年的中国经济增长质量。虽然广义测算法可以全方位地考察经济增长质量，但仅凭借某一年的测算结果无法观测到经济增长质量的动态变化趋势，也不利于进一步的实证分析。

在赋权方法的选择上，主观赋权法虽然能够比较充分地反映出基础指标的定量与定性信息，但无法克服赋权过程中的随机性和专家主观意识的不确定性，从而可能导致测算结果的非一致性。客观赋权法较好地弥补了以上缺陷，可以在排除人为干扰的情况下规范科学地汇总各分项指标的信息，有效保证了测算结果的准确性（虞晓芬和傅玳，2004）。此外，同一研究对象，不同指标体系与测算方法得出的结果可能存在差异。因此，在构建指标体系和选择测算方法时，应当在充分结合研究目的和数据可得性的基础上选取适宜的基础指标和测度方法，以真实准确地衡量经济增长质量。

综上所述，在研究经济增长质量相关问题时，应从广义视角出发，在经济系统、社会系统、生态环境系统中综合判断经济增长质量的优劣程度。在指数测算方面，应系统准确地构建衡量经济增长质量的评价体系，采用客观赋权法系统测度多年的经济增长质量指数，一方面，可以客观体现出经济增长质量的现实水平和变化趋势；另一方面，有利于比较分析经济增长质量与财政性教育支出的数量变动关系。

（三）关于财政性教育支出与经济增长关系的研究

关于教育的经济价值，较为早期的一些代表性文献已经进行了充分研究并达成了基本共识。如 Schultz（1961）和 Becker（1962）认为人力资本是经济增长的动力源泉，而教育是培育人力资本的主要方式。Denison（1962）经过测算得出1929—1957年教育对美国经济增长的贡献高达23%。Mankiw等（1992）基于Solow模型的经验研究也得到了相似的结论，以教育衡量的人力资本对经济增长的贡献显著。由此可见，教育在推动经济增长方面发挥了至关重要的作用，而政府作为教育领域的主要投资者，其支出规模与结构是影响经济增长的主要因素，国内外学者也主要围绕这两点深入分析了财政性教育支出与经济增长的关系。

1. 财政性教育支出规模与经济增长

Sylwester（2000）的研究表明在收入不平等程度较高的国家，短期内公共教育支出会对经济增长产生消极影响，但就长期来看，公共教育支出的经济增长效应较为显著。Artige和Cavenaile（2017）在研究中指出公共教育支出对经济增长的影响程度不仅取决于支出水平，而且取决于人力资本的分布态势，在公共教育支出水平相同的国家中，高质量人力资本占比较高的国家可以吸引相对优质的教师资源，从而更大限度地促进经济增长。Blankenau等（2007）采用80个国家1960—2000年的数据，通过控制政府预算约束，实证检验了政府教育投入对经济增长的影响。分析结果显示高收入国家的政府教育投入可以显著促进经济增长，而在低收入国家中，二者间不存在显著关系。Atems和Liu（2020）在Blankenau等的研究基础上，利用1963—2015年美国各州的面板数据，检验了公共教育支出、政府预算约束与经济增长的关系，研究结果表明公共教育支出可以显著促进经济增长，但与Blankenau等的研究结论有所不同，他们认为这种积极的促进作用对政府预算约束的施加并不敏感。

郭玉清等（2006）实证检验了中国财政科教支出的经济增长效应，结果显示科技和教育支出均对经济增长产生了积极影响，但二者作用于经济增长的路径有所不同，科技支出可以对GDP增长率产生即期影响，并在第二期时达到峰值；教育支出对GDP增长率的影响存在滞后效应，并在第四期时达到峰值。田祖萌和武娜（2007）在研究不同收入水平国家教育投入与经济增长的关系时发现，低收入国家教育投入对经济增长的贡献大于中高收入国家，但低收入国家要实现经济持续稳定增长，还需要通过政府教育投入提高人力资本存量和技术水平。詹新宇和刘文彬（2019）围绕"五大发展理念"构建了衡量经济增长质量的指标体系，定量分析了中国财政性教育支出对经济增长质量的影响，结果显示财政性教育支出提升经济增长质量的作用显著，但在2012年后，由于财政性教育支出规模的增长速度下降，其对经济增长质量的促进作用有所衰减。此外，在他们构建的经济增长质量指标体系中，共享方面的指标包含了人均教育支出，而解释变量却是财政性教育支出，因此在计量分析时可能会产生内生性问题。李晓欣（2014）利用莫兰指数（Moran's I）对我国地区间GDP的空间相关性进行检验发现，各地区GDP增长存在显著的空间依赖关系，进一步采用空间自回归模型实证检验了财政性教育支出总量对经济增长的贡献，分析结果显示财政性教育支出推动GDP增长的效应显著，且邻近地区的GDP增长可以有效带动本地区GDP增长。此研究虽然考虑了经济增长的空间关联性，但没有进一步考察财政性教育支出空间溢出效应，可能会低估财政性教育支出促进经济增长的积极作用。

还有部分学者研究了财政性教育支出规模对全要素生产率的影响，董亚娟和孙敬水（2010）从总体指标和分项指标两个层面定量分析了公共教育支出与全要素生产率的关系。总体指标层面的检验结果表明公共教育支出提升全要素生产率的作用显著，即公共教育支出占总财政支出的比重越大，全要素生产率越高；在分项指标层面，他们采用Malmquist指数法将全要素生产率分解为技术进步率和技术效率，分别进行回归得出公共教育支出对两个分项指标均有显著的正向效应，并且公共教育支出对技术进步率的促进作用更强。唐东会和唐珊雅（2016）分别利用VAR模型和Bootstrap滚动视窗法检验了中国1952—2013年财政性教育支出对TFP的影响，VAR模型的检验结果显示无论是财政性教育支出总量还是生均财政性教育支出，均可以长期促进TFP增长，且生均财政性教育支出的促进效果更为明显。为验证VAR模型估计的准确性，他们进一步采用Bootstrap滚动视窗法检验了二者关系，发现生均财政性教育支出依然可以长期促进TFP增长，但财政性教育支出总量基本对TFP没有影响。

2. 财政性教育支出结构与经济增长

财政性教育经费在地区间、层级间的分配比例决定了教育事业发展的均衡性和人力资本结构，教育事业的均衡发展和适应特定发展阶段的人力资本结构是实现经济协调、稳定、高效增长的重要保障。因此，学者们在讨论财政性教育支出结构与经济增长的关系时，主要从地区和层级的角度进行了相关研究。

在涉及财政性教育支出地区结构的文献中，车维平和白东杰（2008）利用省际面板数据分析了人均财政性教育经费对经济增长的影响,实证检验得出我国各省级行政区划的人均财政性教育支出均对人均 GDP 有正面影响,但由于地区间教育财政经费的配置差异,各地区教育支出对经济增长的作用力度有所不同,其中作用力度最大的是江苏,最小的是西藏。

陶元磊和李强(2015)通过引入省级面板数据检验了中国地区间高等教育财政支出与经济增长的因果关系,研究表明短期内只有东部地区的高等教育财政支出对人均 GDP 增长产生了积极影响;从长期看,各地区的高等教育财政支出均不是人均 GDP 增长的原因,但东部和西部地区的人均 GDP 增长可以对高等教育财政支出产生显著影响。

周杰文和后灵芝(2014)考察了中国财政性教育支出对经济增长影响的区际差异,结果显示财政性教育支出对经济增长的推动作用由西到东依次递增,且东部地区的影响系数是西部地区的近 2.2 倍。张同功等(2020)的研究得出了与其不同的结论,他们通过实证检验发现中部地区财政性教育支出对经济增长贡献度最高,随后是东部和西部地区。二者研究结论存在差异可能是因为财政性教育支出的代理变量不同,在前者选取的财政性教育支出总量中,东部地区长期领先于中西部地区,而在后者选取的生均财政性教育支出中,中部地区常年落后于东西部地区,两种变量在数值和分布结构上都存在不小差异。

关于不同层级的财政性教育支出对经济增长的影响,相关文献也进行了较为深入的研究,郝硕博和倪霓(2014)认为不同阶段教育影响经济增长的路径存在差异,中等教育可以提高一般劳动力的技术模仿能力,从而影响经济产出效率;而高等教育偏向于提高科研型劳动力的自主创新能力,从而促进经济增长。在进一步的实证分析中,他们采用 38 个中等收入国家 2001—2010 年的跨国数据发现中等教育公共支出通过技术模仿促进经济增长的效应显著,高等教育公共支出可以通过提高自主创新能力,从而促进经济增长,并且随着自主创新能力的提高,高等教育公共支出对经济增长的促进作用将进一步加强。

金戈(2014)首先考察了三级教育支出与 GDP 的关系,结果显示初等教育支出对 GDP 的影响显著为负,中等和高等教育支出对 GDP 的影响显著为正。进一步他们将教育支出分为公共教育支出和私人教育支出,通过回归分析发现,在公共教育支出中,仅高等教育支出对 GDP 增长具有显著贡献;在私人教育支出中，中等教育支出对 GDP 的影响不显著，高等教育支出依然可以显著推动 GDP 增长，而初等教育支出对 GDP 增长产生了抑制作用。不同层面的分析结果均显示初等教育支出不利于经济增长，他们认为这一结果可能与我国初等教育经费使用效率不高有关。

朱耘婵和王银梅（2017）分别从全国和地区层面检验了三级财政性教育支出与经济增长的数量关系。全国层面的估计结果显示，各级财政性教育支出均与人均 GDP 显著正相关，且随着教育层级的提高，财政性教育支出对人均 GDP 的贡献递减。地区层面的估计结果稍有区别，东部和西部地区仍然符合教育层级越低，对经济增长贡献越大的规律；就中部地区而言，对人均 GDP 贡献最大的是中等教育，其次是初等教育和高等教育。

综上可见，国内外学者分别从不同视角深入探讨了财政性教育支出与经济增长的关系，论证了教育财政投入对经济增长的重要作用。然而，现有研究仍存在以下几点不足。

（1）学者们在研究财政性教育支出与经济增长的关系时普遍选取 GDP 或全要素生产率作为经济增长的代理指标，侧重于考察财政性教育支出对经济增长数量的影响，忽略了财政性教育支出的经济增长质量效应。中国经济社会发展已进入新常态，面临经济发展方式调整、经济发展动力转变、经济结构优化、人口红利逐渐消失等艰巨挑战，而提升经济增长质量是解决各种突出矛盾的有效途径。基于此，本书试图从多方面探讨财政性教育支出与经济增长质量的作用关系。

（2）已有文献在定量分析各层级教育财政经费的配置结构与经济增长的关系时，通常采取的做法有两种：一是分别检验各级教育支出与经济增长的数量关系；二是将各级教育支出纳入同一模型进行考察。第一种做法虽然可以清晰地判别各级教育支出对经济增长的贡献差异，但不能有效观测层级间的总体配置状况与经济增长的关系。而在第二种做法中，由于在财政性教育支出总量既定的前提下，各级教育支出存在此消彼长的互动关系，同时进行回归可能无法避免共线性对估计结果造成的偏误，从而对相关政策制定产生误导。为此，本书尝试构建财政性教育支出高层级化系数，用以代理财政性教育支出的总体层级结构，以期更加有效地考察其对经济增长质量的影响。

（3）学者们在研究财政性教育支出层级结构与经济增长的关系时重点分析了初、中、高三级教育支出对经济增长的影响，忽略了学前教育对经济增长的贡献。已有研究表明，投资在生命周期较早阶段的教育经费会对个人、家庭和社会带来巨大收益，并且在投资规模和其他条件相同的情况下，学前教育的投资回报率明显高于学校教育和后期教育。由此可见，学前教育财政投入也是推动经济增长的重要构成要素。

（4）经济一体化的发展使得生产要素在地区间的自由流动变得容易且频繁，伴随着地方政府间的"竞争效应"和"示范效应"，政府教育支出的影响不仅局限于本地区，还会辐射到其他地区，从而产生空间溢出效应。然而，学者们在进行相关研究时较少将空间溢出因素纳入分析框架，本书将在以往研究的基础上，进一步考察财政性教育支出在影响经济增长质量时的空间互动关系。

三、研究思路、主要内容与研究方法

（一）研究思路

如图 0-1 所示。

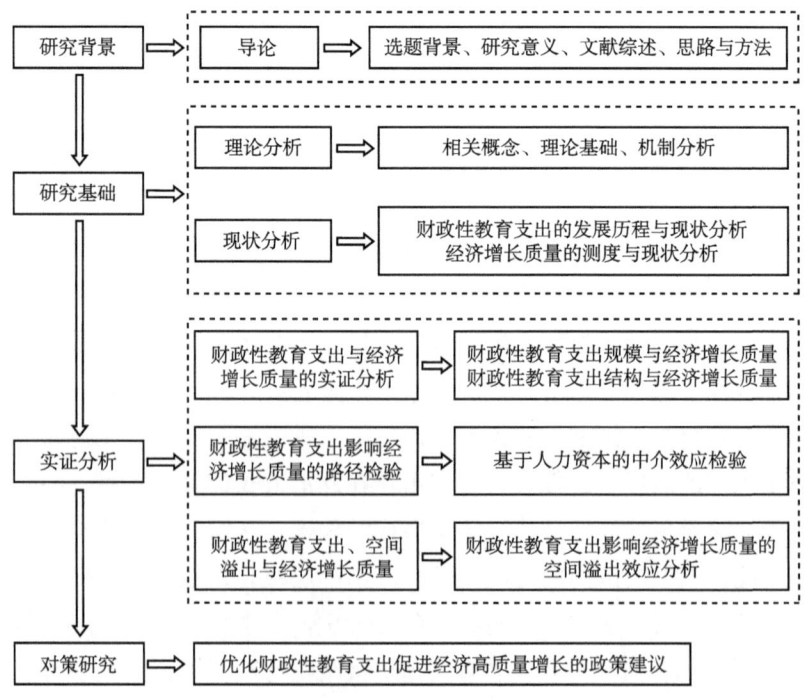

图 0-1 研究路线

(二) 主要内容

基于上述研究思路，本书的具体内容安排如下。

导论主要阐述选题背景与研究意义，梳理与评述国内外相关文献，确立研究思路、主要内容与研究方法，并指出本书存在的创新点与不足之处。

第一章是概念界定与理论分析。本章主要通过阐述财政性教育支出和经济增长质量的基本概念、相关理论以及二者间的作用关系，为后续实证检验财政性教育支出与经济增长质量的数量关系进行理论铺垫。

第二章是财政性教育支出的发展历程与现状分析。首先，梳理中国改革开放至今教育财政体制的演进历程，并根据各时期教育财政体制改革的不同特征，将其分为三个阶段。其次，从支出规模、地区结构和层级结构三个方面对财政性教育支出的基本现状进行描述与分析。最后，通过比较分析指出我国现阶段财政性教育支出存在的主要问题。

第三章是经济增长质量的测度与现状分析。通过构建衡量经济增长质量的指标体系，采用主成分分析法对各层面指标进行赋权，测算出中国各省市的经济增长质量，并进一步对地区间经济增长质量的差异进行描述与分析。

第四章从规模和结构两个方面实证检验财政性教育支出对经济增长质量的影响。规模方面的研究内容包括三点：一是从全国和分地区层面分别考察财政性教育支出规模扩大是否有利于提升经济增长质量；二是讨论财政性教育支出规模与经济增长质量分维度指数的数量关系；三是分析财政性教育支出规模与经济增长质量的非线性关系，以检验财政性教育支出规模的过度扩大是否会挤占其他公共支出，从而对经济增长质量产生负面影响。结构方面的研究内容包括两点：一是考察不同层级的教育财政投入对经济增长质量的贡献差异；二是通过构建财政性教育支出高层级化指数来衡量教育财政投入的总体层级结构，并进一步检验总体层级结构与经济增长质量的数量关系。

第五章是财政性教育支出影响经济增长质量的路径检验。首先，构建以人力资本为中介变量的中介效应模型，并从质量和存量两个角度测度我国各省市的人力资本积累水平。其次，分别从全国和地区层面实证检验人力资本是否在财政性教育支出影响经济增长质量的过程中发挥中介效应，即是否存在"财政性教育支出增加—人力资本积累—经济增长质量提高"的内涵式增长路径。最后，进一步分析财政性教育支出通过人力资本影响经济增长质量的滞后效应。

第六章将空间溢出因素考虑在内，分析财政性教育支出与经济增长质量的空间互动关系。在主要变量的空间特征方面，采用莫兰指数和吉尔里指数，考察财政性教育支出和经济增长质量的空间相关性与空间分布态势。在实证分析方面，利用空间杜宾模型（SDM）检验财政性教育支出与经济增长质量的空间互动关系，进一步引入人口流动以及人口流动与财政性教育支出的交互项，考察人口流动是否是财政性教育支出空间溢出的主要渠道。

第七章是政策建议。在结合本书研究结论的基础上，从优化财政性教育支出、优化人力资本空间配置、建立教育投资补偿机制、拓宽教育经费来源渠道、完善教育经费监管机制等方面提出相关政策建议。

（三）研究方法

第一，文献研究法。一方面，对国内外研究财政性教育支出、经济增长质量以及财政性教育支出的经济增长效应的相关文献进行梳理与总结，为确立本书的研究框架与分析思路提供基础。另一方面，搜集与整理国家颁布的关于教育财政的政策文件与相关数据，对财政性教育支出的发展趋势与体制变迁进行系统梳理。

第二，指数分析法。从结构、效率、福利变化和资源环境代价等方面构建衡量经济增长质量的综合指标体系，并利用主成分分析法确定各指标权重，最终测算出我国各省级行政单位历年的经济增长质量指数。

第三，比较分析法。本书主要采用纵向比较和横向比较两种方法，其中，利用纵向比较法分析财政性教育支出和经济增长质量的变化趋势以及财政性教育支出的层级结构；利用横向比较法对我国财政性教育支出规模进行国际比较，并考察财政性教育经费在地区间的配置差异和经济增长质量的地区差异。

第四，实证分析法。首先，利用固定效应估计方法考察财政性教育支出规模与结构对经济增长质量的影响，以期全面深入地衡量教育财政投入对经济增长质量的贡献；其次，采用中介效应分析方法考察人力资本在财政性教育支出与经济增长质量间的中介作用，分析是否存在人力资本中介效应，并估算中介效应的具体数值；最后，将空间溢出效应考虑在内，利用空间计量方法分析财政性教育支出在影响经济增长质量过程中的空间互动关系。

四、创新点与不足之处

(一) 创新点

在梳理与分析相关文献的基础上，本书可能的创新点体现在以下方面。

第一，考察财政性教育支出的经济增长质量效应。以往研究普遍选取GDP或全要素生产率作为经济增长的代理指标，侧重于考察财政性教育支出对经济增长数量的影响，忽略了财政性教育支出对经济增长质量的重要作用。中国经济已由高速增长阶段转向高质量发展阶段，亟须提升经济增长质量以解决过往粗放式增长所导致的一系列突出问题。本书将在界定经济增长质量内涵的基础上，从结构、效率、福利变化和资源环境代价等维度构建衡量经济增长质量的指标体系，并从不同层次和方面定性与定量分析财政性教育支出对经济增长质量的影响。

第二，构建财政性教育支出高层级化系数来代表财政性教育支出层级结构，以观测教育支出的总体层级结构对经济增长质量的影响。以往文献在定量分析财政性教育支出的总体层级结构对经济增长的影响时，通常将各级教育支出纳入同一模型进行考察，但在财政性教育支出既定的前提下，各级教育支出存在此消彼长的互动关系，同时进行回归可能无法避免共线性对估计结果造成的偏误，而构建财政性教育支出高层级化指数可以有效解决此问题。

第三，检验财政性教育支出影响经济增长质量的中介效应。现有文献已经对财政性教育支出、人力资本与经济增长的逻辑关系进行了系统研究，认为政府通过教育投资促进人力资本积累是推动国家或地区经济增长的重要方式。然而，鲜有学者实证检验人力资本在财政性教育支出推动经济增长过程中的中介效应，更是缺乏对于中国经济增长质量的影响路径与实际效应的研究。本书试图借助中介效应模型实证分析财政性教育支出通过促进人力资本积累从而提升经济增长质量的传导路径。

第四，将空间溢出效应考虑在内，考察财政性教育支出在影响经济增长质量时的空间互动关系。在生产要素流动和贸易往来日趋频繁的现实情况下，财政性教育支出在推动本地区经济增长的同时还会对其他地区产生影响。因此，在分析二者间的作用关系时有必要将空间溢出效应考虑在内。更进一步，本书将人口流动以及财政性教育支出与人口流动的交互项引入空间计量模型，以检验人口流动是否是财政性教育支出空间溢出的主要渠道。

(二) 不足之处与研究展望

本书从多个角度考察了财政性教育支出的经济增长质量效应,并提出了优化财政性教育支出,促进经济高质量增长的相关政策建议。但由于各种主客观原因,还存在一些不足之处与值得进一步研究的问题。

第一,由于测算经济增长质量的数据需求量较大,但目前地市或县级层面关于经济增长质量基础指标的相关数据存在一定程度缺失,因而本书对经济增长质量指数的测度停留在省级层面,未延伸到地市或县级层面。另外,受限于部分省市相关数据的可得性,本书建立的指标评价体系未包含所有体现经济增长质量的基础指标,对各省市经济增长质量的描摹可能存在一定程度的偏差。

第二,第六章将地区间空间关联性考虑在内的研究结果显示,财政性教育支出在影响经济增长质量时存在显著的空间溢出效应,且人口流动是财政性教育支出空间溢出的主要渠道。但是,本书所涉及的人口流动只限于省级层面,未进一步考察省域内人口流动对财政性教育支出空间溢出效应的影响。相关研究与事实情况表明,中国现阶段省域内的人口流动越来越频繁,人口流向地级市或省会城市的情况较为普遍。因此,基于中国人口流动的多样性层面,考察财政性教育支出的空间外溢性以及人口流动对这种外溢性的影响是值得进一步研究的问题。

第一章

财政性教育支出影响经济增长质量的理论分析

第一节 相关概念

一、财政性教育支出

财政性教育支出是政府公共支出的重要构成部分，是国家财政直接或间接投入教育的经费总和，是支持教育事业持续健康发展的财力保障和物质基础（高培勇，1997）。按照不同的分类标准，财政性教育支出包含的具体内容有所不同。按照支出功能可分为教育事业费和教育基础建设投资，其中教育事业费进一步分为人员经费和公用经费，人员经费主要是指学生奖助学金、教职工薪资和其他福利性支出，公用经费主要包括教学用具、图书资料、实验设备等的购置经费和各级各类教育机构的科研、办公与教学费用；教育基础建设投资是用于教育机构危房改造、校舍建设等方面的财政投入。按照支出的偿还性可分为转移性支出和购买性支出，转移性支出是指政府无偿支付给教育机构或下级政府的教育经费，如免费教科书财政补助、教师工资专项转移支付、寄宿生生活补助等；购买性支出是指政府为提供教育公共产品和满足教育事业发展需要的商品与劳务支出。一般而言，随着经济发展水平的提高，购买性支出的占比会逐步降低，转移性支出的占比会相应提高。按照收入来源可分为政府公共预算内教育经费、政府用于教育所征收的税费、企业办学、校办产业等其他财政性教育经费。按照政府管理体制可分为联邦或中央政府的财政性教育支出和地方政府的财政性教育支出。在我国，中央政府的财政性教育支出是指对中央所属教育机构的财政拨款、中央对各级地方政府的教育转移支付和中央专设教育基金的各项支出,地方政府的财政性教育支出主要是指省以及省以下行政机构用于教育事业的财政经费。

财政性教育支出规模是指在一定时期或预算年度内,政府通过财政渠道安排和使用的教育经费的绝对额和相对比率,即财政性教育支出的绝对量与相对量。财政性教育支出规模也是分析教育财政投入增长速度、变化规律和变化原因的主要指标。一般而言,随着经济社会向纵深发展,经济活动对专业化人才的需求和教育普及程度会逐步提高,因而政府的教育支出规模也会呈现出逐渐扩大的趋势。衡量财政性教育支出规模的指标可分两类:一类是绝对量指标,如财政性教育支出总额,这是一种直接用货币表示的指标,可较为直观地反映一定时期内政府在教育事业上的财力集散程度,也是计算相对规模的基础;另一类是相对量指标,如人均财政性教育支出、生均财政性教育支出、财政性教育支出占国内生产总值(GDP)的比重、财政性教育支出占国民生产总值(GNP)的比重、财政性教育支出占财政支出的比重,此类指标可反映财政性教育支出与其他经济变量或支出项目的相互关联与相互制约关系以及政府对教育事业发展的重视程度。

财政性教育支出结构是政府在教育领域进行公共选择的结果,体现出政府对有限教育资源的配置状况,公平合理的教育资源分配结构是保证公民平等享有受教育权利的根本前提,也是财政教育资金使用效益最大化的有效保障。具体而言,财政性教育支出结构是指财政性教育支出按照某一性质划分的集合以及不同性质集合之间的比例关系,其中主要包括层级结构和区域结构。层级结构是指财政性教育资金分配在各教育层级的数量和比例关系,世界各国通常按教育体制将其分为学前、初等、中等和高等教育四个层次;区域结构是指财政性教育资金分配在省份间、地区间、城乡间的数量和比例关系。在财政性教育支出规模既定的情况下,财政资金在教育系统内部的分配比例取决于一国当前的经济发展水平和教育政策目标,反映了财政性教育支出的基本内容和各项支出的相对重要性,体现了一定时期国家在教育领域的支出重点和活动范围。全面系统地分析财政性教育支出结构,可以了解教育事业发展的一般规律,分清主次环节,提高教育资金的使用效益。政府也可以通过调整财政性教育支出结构来协调城乡间、省份间非均衡的教育资源配置,合理安排教育经费,形成最优财政性教育支出结构,从而满足全体社会成员对教育服务的需求。

二、经济增长质量

经济增长质量的具体定义与内涵是讨论经济增长质量问题的理论基础，而准确定义经济增长质量则需要充分理解和区别"经济增长数量"和"经济增长质量"两个概念。经济增长数量是指在一定时期内，一个国家或地区所生产最终产品的市场价值总和；经济增长质量是经济数量积累到一定程度的产物（任保平，2012）[①]，是对国家或地区经济增长的综合评价。二者的区别主要体现在以下方面：（1）研究范围不同，经济增长数量仅在经济系统内部寻求经济增长的最优路径，而经济增长质量要将经济系统、社会系统和生态环境系统有机结合，探寻综合系统中的经济增长最优路径；（2）研究对象不同，经济增长数量侧重于考察经济增长的动力源泉和增长机制，经济增长质量则需要全面考察经济增长的过程、结果与前景；（3）衡量标准不同，经济增长数量通常采用 GDP 增长率或人均 GDP 增长率衡量增长结果，经济增长质量一般通过构建综合性评价体系，以复合指标衡量增长结果，将增长数量与增长质量有机结合；（4）决定要素不同，决定经济增长数量的要素有物质资本、人力资本和技术水平等，经济增长质量不仅取决于上述要素，宏观经济的稳定性、经济结构的协调性和增长结果可持续性也是影响经济增长质量的重要因素。由此可见，经济增长质量所涵盖的范围较广，应从多方面理解和界定其具体内涵。此外，不同发展阶段经济增长的实现方式和具体要求存在区别，中国经济经过近 40 年的高速增长，目前已经从过去的高速增长转变为与高质量发展要求相适应的中高速增长，因而相比于经济增长数量，经济增长质量具有更鲜明的时代特征。

从现有研究来看，一部分学者侧重在"效率"的范畴内狭义地界定经济增长质量，衡量经济增长质量的标准以投入产出效率或全要素生产率为主。然而，简单凭借投入产出效率或全要素生产率判断经济增长质量无法有效体现出经济体制改革、产业结构优化、福利分配改善、增长可持续性提高、生态环境恶化等质量因素在经济增长中的作用，从而不能有效描摹出经济增长

[①] 任保平. 经济增长质量的逻辑 [M]. 北京：人民出版社，2018：70 – 73.

质量的全貌（郑玉歆，2007；陈长江和高波，2010）。因此，学者们从广义视角更为系统全面地界定了经济增长质量，将经济增长的过程、结果与前景考虑在内，综合评判了经济系统、社会系统和生态环境系统有机统一下的经济增长优劣程度。

可以看出，关于经济增长质量的内涵界定还未形成统一标准，狭义视角主要关注经济增长效率，而广义视角认为经济增长质量是多维度的价值评判。中国经济已进入高质量发展阶段，转换增长动力、转变发展方式、促进均衡发展和推进生态文明建设是当前的迫切需求，因而从广义视角界定经济增长质量更符合我国当前经济社会发展的现实要求。本书在借鉴以往研究的基础上，主要从以下四个方面界定经济增长质量的内涵。

第一，经济增长质量涵盖了经济系统的经济结构。经济结构是指国民经济各构成要素的数量比例关系和布局状况，其中产业结构和城乡结构是决定经济增长持续性与协调性的主要因素。产业结构优化与升级可以促进生产要素合理配置，使之与不断变化的供需结构相吻合，从而促进经济持续增长。消除城乡二元经济结构可以缩小现代化城市经济与传统农业经济间的发展差距，从而提升经济增长的协调性。除此之外，优化产业结构、推进城乡经济均衡发展也是当前我国实现经济高质量增长的内在要求。

第二，经济增长质量涵盖了经济系统的产出效率和技术进步。产出效率是经济增长理论长期关注的问题，也是体现经济增长质量的重要方面。从投入产出角度看，如果等量劳动力投入所引起的产出增加或等量产出所需要的劳动力投入减少，则表明经济增长的产出质量较高，这种投入产出效率具体表现为劳动生产率。从技术进步角度看，生产技术改进可以优化要素投入组合，促进产出效率长期增长，从而提高经济增长的持续性，这种技术进步具体表现为全要素生产率增长率、技术进步率和技术效率变化率。

第三，经济增长质量涵盖了社会系统的福利变化。经济增长的最终目的是改善居民的物质文化生活，促进人的全面发展。就发展中国家而言，使经济增长成果更多惠及全体居民，实现社会福利最大化是改善居民物质文化生活，提升经济增长质量的有效方式。具体而言，一方面，个人福利主要取决于收入水平，当收入水平较高且收入分配较为均衡时，各阶层居民均可以通过消费来提高个人满足感，低收入群体也可以通过人力资本投资来改善个人处境和阻断贫困的代际传递，从而使更多居民获得经济增长红利。另一方面，公共服务的有效供给是提高居民生活质量的主要途径，教育、医疗、国防、文化和社会保障等都是公共服务的涉及范围，在本书的研究框架内，公共服务主要是指政府所提供的教育服务与物品。公共教育服务供给水平的提升可以为居民提供相对公平的受教育机会，从而提高经济增长成果分配的公平性。因此，本书主要从收入水平和公共教育服务两方面体现经济增长的福利变化。

第四，经济增长质量涵盖了生态环境系统的资源环境代价。一方面，实现成本最小化是推动经济高质量增长的内在要求，而在各类成本中，生态环境和自然资源也是重要的构成要素。破坏生态环境、过度消耗自然资源是一种高成本的增长方式，这种增长方式不仅会降低增长净收益，而且不符合成本最小化的高质量增长要求。另一方面，恶化的生态环境会降低居民生活质量，如水污染、大气污染和噪声污染都会直接危及居民健康，从而与"提升居民生活质量、促进人的全面发展"的最终增长目的相违背。

第二节 财政性教育支出影响经济增长质量的理论依据

一、公共物品与外部性理论

（一）公共物品

公共物品是与私人物品相对的概念，是满足社会公共需要的商品和服务。一般而言，政府是公共物品的主要提供者。公共物品理论研究始于萨缪尔森（1954），他认为公共物品具有这样一种特征，即某人对该产品的消费并不会减少其他人对该产品的消费[①]。在此之后，布朗在《公共部门经济学》中提出了非竞争性和非排他性概念，这也是区别私人物品与公共物品的主要依据。非竞争性是指该物品的消费者增加不会影响任何一个人对该物品的消费数量和质量，增加消费者的边际成本为零。非排他性是指一个人对该物品的消费无法排除其他人对该物品消费的可能性。进一步根据公共物品的具体性质，

[①] Samuelson P. A. The Pure Theory of Public Expenditure. The Review of Economics and Statistics [J]. 1954, 36 (4): 387–389.

公共物品可分为纯公共物品和准公共物品，其中纯公共物品完全具备非竞争性和非排他性，准公共物品只具有部分非竞争性和非排他性。

教育服务是社会大众的共同需求，政府是教育服务的主要提供者，因而教育服务是一种公共物品。根据各阶段教育所具备的属性，教育服务可分为纯公共物品和准公共物品。义务教育是实现社会公平和提升公民素质的起点，是适龄儿童和青少年有权利和义务接受的教育，具有强制性、公益性、普及性的基本特点。因此，义务教育是具有非竞争性和非排他性的纯公共物品，其教育成本应由政府承担。除义务教育以外的高层次教育则具有两面性：一方面，高层次教育可以提高公民素质，为国家培养优秀人才，促进社会进步，因而属于公共物品范畴。另一方面，个人从高层次教育中获得的收益是私人化、内在化的，并且一部分人接受高层次教育，就会减少其他人接受高层次教育的机会，因而具有一定程度的排他性。从这个角度看，高层次教育属于准公共产品，其教育成本应由政府和私人共同承担。就各国政府提供教育服务的现实情况而言，政府均是教育成本的主要承担者，且发展中国家承担教育成本的比例更高。

（二）外部性

外部性是指经济主体的行为或决策对他人收益和成本产生的影响。外部性理论的发展主要历经了三个阶段。首先，马歇尔（1890）通过考察各种外部因素对企业生产效益的影响提出了外部经济概念。虽然他没有直接对"外部性"进行准确定义，但其关于外部经济的相关论述为界定外部性概念奠定了基础。其次，庇古（1932）在借鉴外部经济概念的基础上，深入分析了经济主体的行为与决策对社会和其他经济主体的影响，并认为外部性是边际个人净产值与边际社会净产值之间的差值。他进一步根据外部性所产生的不同影响，将其分为正外部性与负外部性：正外部性是指经济主体的行为或决策使社会和其他经济主体受益，而受益者无须花费代价；负外部性是指经济主体的行为或决策使社会和其他经济主体受损，而造成负外部性的经济主体未承担相应成本。最后，科斯定理的提出为解决外部性问题提供了理论基础，定理指出在产权明确的情况下，外部性问题可以通过双方谈判来有效解决，从而达到社会收益最大化。

教育作为一种公共物品，同样具有外部效应。卢卡斯（1988）从经济角度对其进行了论述，他指出教育投入可以提高劳动力的生产效率和个人收入，促进国民收入与社会财富增长①。弗里德曼（1955）从社会角度阐述了教育的外部性，他认为公民接受教育可以形成基本的文化素养和价值标准，而这两个方面是维持社会稳定的必要条件。除此之外，随着经济一体化的推进，地区间人口流动和贸易往来越发频繁，使得教育溢出效应在空间上的表现也十分明显。教育的空间溢出效应主要包括两个方面的内容：一是教育投入所形成人力资本的空间溢出效应，如新经济地理学派的费尔德曼（2000）认为人力资本的空间流动会促进知识与技术的传播与扩散，从而推动区域经济均衡发展②。二是教育投入中资本性支出的空间溢出效应，如科恩（2007）认为政府资本投资会以贸易往来的方式对其他地区产生影响③。由此可见，教育的外溢效应不仅存在于教育部门与非教育部门之间，其空间溢出效应也是重要表现之一。

二、人力资本理论

（一）人力资本思想的起源与发展

人力资本思想最早可以追溯到公元前400年，古希腊著名哲学家帕拉图在其著作《理想国》中论述了教育和培训的经济价值，他认为在奴隶制社会中，统治者和护卫者必须通过教育培养才能具备相应的才能和品质，但他认为教育是对经济产生间接影响的消费品。同时，也强调了国家控制教育的重要性。17世纪60年代，英国古典经济学创始人威廉·配第在《税赋论》中提出了劳动价值理论，该理论认为构成国家财富的是人，劳动技能是和物质资本、土地一样重要的生产要素，可以通过教育和训练来提高人们的劳动技能，从而生产出更多价值与产品。帕拉图与威廉·配第的理论学说是处在萌芽时期的人力资本思想，并没有形成系统的人力资本理论。被誉为"现代经济学之父"的亚当·斯密是第一个将人力视为资本的经济学家，其在1776年

---

① Lucas R. E. On the Mechanics of Economic Development [J]. Journal of Monetary Economics, 1988 (22): 783 - 792.

② Feldman M. P. Location and Innovation: The new Economic Geography of Innovation, Spillovers and Agglomeration [A]. in: Clark G., Feldman M., Gertler M. (Eds.). Oxford Handbook of Economic Geography [C]. Oxford: Oxford University Press, 2000: 373 - 394.

③ Cohen J. P., Paul C. M. The Impacts of Transportation Infrastructure on Property Values: A Higher - order Spatial Econometrics Approach [J]. Journal of Regional Science, 2007, 47 (3): 457 - 478.

出版的《国富论》中指出：人们通过花费时间与金钱来学习劳动技能，学到的一切有价值的才能都可视为固定资本，付出的学习成本不但可以在日后的生产活动中得到补偿，而且还能获得相应的利润。斯密的这一观点已经接近了之后的人力资本投资理论。大卫·李嘉图继承与发展了亚当·斯密的理论，他的劳动价值论认为商品的价值是由生产商品所消耗的劳动决定的，劳动时间越多，商品价值越大。大卫·李嘉图将劳动分为直接劳动与间接劳动，直接劳动创造新的价值，间接劳动只是将物质资本原有的价值转移到商品上，并不创造新价值。1803年，法国经济学家让·巴蒂斯特·萨伊出版了其代表作《政治经济学概论》，他将人们为获得知识和技能所付出的教育培训成本视为资本积累，并将劳动力进一步细分为从事普通劳动的一般性劳动力，从事技术劳动的专业性劳动力和进行经营管理的创新性劳动力。1848年，英国古典经济学家约翰·穆勒在《政治经济学原理》一书中提出了创新性的观点：教育支出会带来更多的国民财富，但由于劳动力市场存在缺陷，仅靠自身运行很难达到劳动力供求均衡的状态，受教育的劳动力供给必然不足，必须由政府介入教育支出，以弥补劳动力市场失灵。英国剑桥学派创始人阿尔弗雷德·马歇尔在1890年出版了《经济学原理》，他认为人类的才能与其他资本一样，都是重要的生产手段。从长远来看，教育投资所带来的收益远远大于教育投资本身，根据教育投资的这一特点，他主张国家主导教育投资。马克思的劳动价值论为人力资本理论研究提供了重要的思想基础，他对劳动的本质进行了深入研究，认为劳动是创造社会财富的主要源泉，劳动者能力的高低与其所接受的教育、培训和知识积累有直接关系，对劳动者的教育培训投资越多，劳动能力越高。

从以上人力资本思想发展的历程可以看出，经济学家对人力资本的研究经历了从意识到人在创造社会财富过程中的重要性，将人力视为与其他物质生产资料一样需要投资的资本，到最终形成人力资本投资的萌芽思想的过程，完成了从劳动价值到人力资本的跨越，为人力资本理论的形成奠定了重要基础。

（二）人力资本理论的主要内容

1. 舒尔茨的人力资本理论

被誉为"人力资本之父"的舒尔茨在其名为《人力资本投资》的演讲中，开创性地提出了"人力资本"概念，深入地论述了人力资本的形成途径和方式，定量研究了教育投资的收益和教育对经济增长的贡献，有效解释了国民经济增长与物质资本积累之间的缺口，弥补了传统经济学理论无法解释该问题的缺陷①。舒尔茨人力资本理论的主要内容涵括：（1）人力资本是凝结在劳动者身上的知识、技能、实践经验和健康等要素，人力资本包括数量和质量两个方面的内容，数量是指具备一定素质且从事劳动生产的人数，质量是指劳动者知识与实践经验的积累水平、技能熟练程度和身心健康程度。（2）劳动者的先天禀赋、受教育程度、医疗保健条件和所处环境的差异会导致人力资本质量存在优劣差别。（3）人力资本积累是经济增长的动力源泉，传统经济学无法解释富余的国民收入增长是因为忽略了人力资本对经济的贡献。（4）教育是形成人力资本的主要方式，劳动力接受教育可以提升知识水平和劳动技能，进而提高个人收入水平和缩小收入分配差距。

2. 贝克尔的人力资本理论

贝克尔继承与发展了舒尔茨的人力资本理论，他运用微观经济方法系统阐述了人力资本的形成方式以及各类人力资本的收益②。贝克尔人力资本理论的主要内容涵括：（1）用于教育、在职培训、医疗卫生、劳动力迁移和搜集市场信息等方面的支出也是人力资本投资的主要方式，这些支出不仅可以在短期内提高劳动生产率，而且可以获得长期收益。（2）人力资本不仅涵盖知识积累和劳动技能，还应包括时间、健康和寿命等因素，这与舒尔茨的理论观点基本一致。（3）人力资本是个人素质与能力的体现，是一种人格化的资本，这使得人力资本具备私有化属性。因此，个人努力程度是决定人力资本使用效率的主要因素，并且建立适当的激励机制可以有效提升人力资本的使用效率，这也是人力资本与物质资本的最大区别。（4）贝克尔通过建立人力资本投资均衡模型研究了个人年龄与人力资本投资的关系，他认为由于个人生命周期的有限性，人力资本投资的预期收益会随着个人年龄的增长而降低，因而人力资本的最优投资量会随着个人年龄的增长而减少。除此之外，人力资本折旧率越大，对人力资本的投资动力越小。（5）人力资本的投资成本不仅包括用于教育、医疗卫生、在职培训、劳动力迁移和搜集信息等方面的支出，还应包括劳动力在接受教育或培训时产生的机会成本。

---

① 西奥多·舒尔茨. 人力资本投资——教育和研究的作用 [M]. 蒋斌, 张蘅, 等译. 北京：商务印书馆, 1990：31-32, 42.

② 加里·贝克尔. 人力资本 [M]. 梁小明, 译. 北京：北京大学出版社, 1987：76-79.

三、经济增长理论

(一) 经济增长理论的发展历程

经济增长理论的发展历程主要分为三个阶段。首先,古典经济增长理论主要从供给方面研究了经济增长。其中斯密(1776)认为劳动分工和资本积累是推动经济增长的两大因素,劳动分工可以增加劳动力数量和提高劳动力的技能熟练程度,而资本积累则是实现劳动分工的物质前提。李嘉图(1817)同样肯定了资本积累在经济增长中的重要作用,同时他还提出了边际生产力递减规律,并认为边际生产力递减会使得经济增长陷入停滞状态。其次,在新古典经济学时期,索洛(1956)通过建立新古典增长模型解释了经济增长的稳态均衡路径,他认为长期内技术进步是决定人均收入增长率的主要因素,而总产出增长率取决于技术进步率与人口增长率[①]。除此之外,新古典经济增长理论预言,如果两个国家的储蓄率、人口增长率和生产函数相同,那么这两国的收入水平将趋于一致。最后,20世纪80年代,以罗默和卢卡斯为代表的内生经济增长理论逐渐兴起,他们将知识、技术和人力资本作为推动经济增长的内生变量,认为一国经济可以在不依靠外部因素的情况下实现长期增长,而这些内生变量是推动经济持续增长的决定因素。

(二) 关于经济增长质量的论述

纵观经济增长理论的发展历程,大多数经济学家重点讨论了生产要素和技术进步对经济增长数量的影响,但也有少数学者关注了经济增长的质量因素。英国古典经济学家约翰·穆勒(1848)认为当经济增长数量达到一定水平后,应更多关注经济增长成果的普惠性。若经济增长没有使更多人民受益,那么这种增长就变得没有意义。匈牙利经济学家科尔奈(1971)论述了经济增长的和谐性,他指出过度追求经济增长速度会导致投资短缺、居民生活水平下降和贸易失衡等质量问题,社会主义经济应实现和谐增长,这种和谐增长主要是指提升产品质量、促进教育发展与科技进步、优化国民经济结构、

---

① Solow R. M. A Contribution to the Theory of Economic Growth [J]. Quarterly Journal of Economics, 1956, 70 (1): 65-94.

完善保险制度和保护自然环境等①。托马斯（2000）在《增长的质量》中指出经济增长质量是经济增长过程中的关键内容，在社会资本、人力资本和自然资源有机统一下实现收益最大化，便是高质量的经济增长。此外，他从人类发展、收入分配和环境可持续三个方面构建了衡量经济增长质量的指标体系②。多恩布什从宏观角度定义了经济增长，他认为资源利用效率提高和生产要素积累是体现经济增长的重要特征，其中资源利用效率提高是指生产效率提升和技术进步，体现了经济增长的质量提升；生产要素积累是指劳动力和物质资本的数量增加，体现了经济增长的数量扩张。此定义不仅包含了经济增长数量，而且指出了提升经济增长质量的途径，即资源利用效率提高。

第三节 财政性教育支出对经济增长质量的影响机制分析

一、财政性教育支出影响经济增长质量的"四个维度"

如前所述，经济增长质量是对经济增长优劣程度的综合评判，其中不仅涵盖了经济系统的经济结构和产出效率，而且将社会系统的福利变化和生态环境系统的资源环境代价考虑在内。然而，无论是经济结构优化、产出效率提升、社会福利增进还是资源环境代价降低，都与教育有着内在联系。因此，阐述财政性教育支出与经济增长质量的关系，也就是阐述财政性教育支出与经济增长质量基本内涵之间的关系。

（一）财政性教育支出与经济增长结构

经济结构是指国民经济各构成要素间的数量比例关系和空间联结关系，财政性教育支出对其影响主要体现在两个方面：一是对产业结构升级的影响；二是对城乡二元结构的影响。

---

① 亚诺什·科尔奈. 突进与和谐的增长 [M]. 张晓光, 译. 北京: 经济科学出版社, 1988: 3, 12.
② 维诺德·托马斯, 等. 增长的质量 [M]. 张绘, 唐仲, 林渊, 等译. 北京: 中国财政经济出版社, 2001: 29.

产业结构升级是优化资源配置、转变经济增长方式的重要引擎，产业结构升级主要包括两个方面的内容：一是各产业内部的结构优化与升级；二是产业结构高级化。就各产业内部的结构优化升级而言，不同产业结构升级阶段对劳动力的需求存在差异，因而需要不同的财政性教育支出结构与之匹配。当产业结构由劳动密集型转向资本密集型时，接受过中等教育、具备基础科学文化知识、能够熟练掌握工业化生产技能的劳动力是主要需求，这就要求财政性教育支出偏向于中等教育和职业技术教育，从而为产业结构升级提供必要的人力资源支持。当产业结构由资本密集型转向技术密集型时，接受过高等教育、具备专业化知识与创新能力的劳动力是主要需求，此时政府应适当提高高等教育支出占比，从而提升劳动力的知识积累水平和科研创新能力。就产业结构高级化而言，财政性教育支出规模的逐渐扩大是推动产业结构高级化的重要驱动力。这是因为在以第一产业为主的农业时代，未接受过学校教育或仅接受过初等教育的劳动力便可满足基本生产需求，因而此发展阶段的教育普及程度、对劳动力质量的要求以及教育事业在经济社会发展中的优先级偏低，财政性教育支出规模偏小。当经济社会转向以第二产业为主的工业时代时，大规模机械化生产需要更多接受过良好中等教育的劳动力，因而政府逐步提高公共教育支出规模，以促进产业结构升级。当经济社会转向以第三产业为主的知识经济时代时，科技创新和智能化生产要求各层次的劳动者具备一定程度的知识积累与专业素养，因而需要更高的教育普及率和更大规模的教育财政投入。

城乡二元结构是指以传统农业生产为主的农村经济与以现代化工业生产为主的城市经济并存的一种经济结构，推进城镇化进程、消除城乡二元结构是提高经济增长协调性的必要前提。教育财政投入对城镇化的推动作用主要体现在两个方面：第一，一方面，教育财政投入以培养科技创新型人才的方式促进技术进步，创造先进的农业生产设备，从而实现大规模机械化生产，有效缩短农业劳动者的必要劳动时间；另一方面，投入在农村地区的教育财政经费可以提高农业劳动者的知识水平和生产能力，使他们更熟练地掌握和运用先进的农业生产技术与设备，从而提高农业劳动生产率。通过这两种途径可以让更多的农业劳动者从土地上解放出来，使其具备从事第二、第三产业的基本条件。在这些被解放出来的农村劳动力中，一部分会以进入城市第

二、第三产业的形式实现空间城镇化（秦玉友，2015）①，另一部分会以兴办乡镇企业、发展特色旅游业等方式实现就地城镇化。第二，城市化率是体现城镇化进程的主要指标，这一指标通常用城镇人口占总人口的比重来衡量。从这一角度来看，投入在农村地区的教育财政经费可以促进农村教育事业发展，提升农村地区的教学质量，最终提高农村生源接受高等教育的概率。接受过高等教育的农村生源可以获得相对平等的城镇就业机会，从而以代际流动的形式提高城镇人口占比，推进城镇化进程。

（二）财政性教育支出与经济增长效率

经济增长效率是经济运行过程中所费与所得之间的比例关系，是生产要素转化为产品或劳务的有效程度，通常以产出效率予以衡量。短期内，产出效率的提高可以增加单位要素投入的产出数量或减少单位产出所需的要素投入；长期内，资源有限性和边际报酬递减规律会限制产出效率的持续增长，需要通过技术进步来改变生产要素的投入组合，以突破产出效率的增长瓶颈。具体而言，财政性教育支出对产出效率的影响主要体现在以下方面。

第一，财政性教育支出通过提升劳动力的基本素质和组织管理能力，从而提高劳动生产率。一方面，劳动力的基本素质是体现在劳动者身上的认知技能与非认知技能，随着劳动力认知与非认知技能的提高，他们适应新工作环境、掌握新生产技术和熟悉新生产设备的时间会大幅缩短，从而有效提高劳动生产率，而用于初等和中等教育的财政经费正是培养劳动力认知与非认知技能的主要资金来源（闵维方，2017）②。另一方面，受教育程度较高的劳动力往往具备较强组织管理能力，能够更有效地配置生产要素、更合理地制定规章制度，从而更大限度地节约劳动力时间成本，提高劳动生产率。

第二，财政性教育支出通过提高劳动力的科学素养，从而推动技术进步。在开放经济体中，推动技术进步的有效方式有技术引进、自主创新和技术扩散，而这些方式与财政教育支出有着密切联系。首先，初等和中等

---

① 秦玉友. 教育如何为人的城镇化提供支撑 [J]. 探索与争鸣，2015 (9)：82–86.
② 闵维方. 教育促进经济增长的作用机制研究 [J]. 北京大学教育评论，2017 (3)：123–136.

教育财政投入在培养劳动力认知与非认知技能的过程中，提高了他们对先进技术的吸收能力，从而为引进国外先进技术提供了有力支撑，这也是发展中国家实现技术进步的主要方式。其次，在技术水平较为发达的国家，引进与吸收国外先进成果的空间较小，需要通过自主创新来推动技术进步，而培养自主创新型人才是高等教育财政投入的主要功能。最后，技术扩散是在技术引进与自主创新基础上的技术传播过程，是先进技术在更大范围内产生经济效益的前提条件，也是实现技术进步的最终环节。技术扩散的方式有多种，但从技术传播的角度看，以高等学校为主的科研机构是进行技术交流与传播的主要场所，而高等学校的正常运转与基本建设需要政府教育投入予以支持。

（三）财政性教育支出与经济增长的福利变化

增进社会福利和提高居民的生活水平是经济增长的根本目标，在本书的研究框架下，体现经济增长福利变化的分项指标包括国民收入水平、居民收入差距和公共教育服务。就居民收入差距而言，教育财政经费在区域间的配置结构是影响居民收入差距的重要因素，这是因为在市场秩序较为完善、市场经济较为发达的现代经济社会，收入水平与受教育程度存在正比关系，而教育财政投入是提升劳动力受教育程度的物质前提，教育财政经费在区域间的均衡配置能够提供相对公平的受教育机会，从而有效缩小劳动力的受教育程度和收入差距。就公共教育服务而言，教育财政经费是支持教育基础设施建设的主要资金来源，教育财政经费在区域间的均衡配置是直接促进公共教育服务均等化的有效手段，并且财政性教育支出在推动教育基础设施建设的同时也提高了教育质量，从而对提升经济增长质量产生正向效应。关于财政性教育支出对国民收入的影响机制，本书采用包含人力资本的两部门经济增长模型予以说明。

假设经济体系由生产部门和教育部门组成，生产部门的产出表达式为规模报酬不变的 C-D 函数：

$$Y(t) = A \cdot K(t)^{\alpha} H(t)^{\beta} L(t)^{\theta} \tag{1-1}$$

其中，t、Y、A、K、H、L 分别代表时间、总产出、外生技术进步、物资资本投入、人力资本投入和劳动力投入，α、β 和 θ 为各投入要素的产出弹性，且 $0 < \alpha$、β、$\theta < 1$，$\alpha + \beta + \theta = 1$。

第一章 财政性教育支出影响经济增长质量的理论分析

同罗默的内生经济增长模型一样，物质资本 K 和劳动力 L 的增量表达式为[①]：

$$\Delta K(t) = sY(t) \qquad (1-2)$$

$$\Delta L(t) = mL(t) \qquad (1-3)$$

其中，s 为外生不变的储蓄率，m 为外生不变的人口增长率，为简化模型，没有将资本折旧考虑在内。

关于人力资本 H 的增量表达式，这里借鉴郭玉清等（2006）的两部门经济增长模型[②]，将其设定为：

$$\Delta H(t) = nH(t) \qquad (1-4)$$

其中，n 为人力资本增长率，由于教育投入增加会推动教育事业发展，提高人力资本产出效率，因而当教育财政投入增加时，人力资本增长率 n 会随之变大。

首先，考察物质资本的均衡路径，将产出函数（1-1）代入公式（1-2）得：

$$\Delta K(t) = sA \cdot K(t)^{\alpha} H(t)^{\beta} L(t)^{\theta}$$

进一步可将物质资本的增长率表示为：

$$g_K = \Delta K(t)/K(t) = sA \cdot K(t)^{\alpha-1} H(t)^{\beta} L(t)^{\theta} \qquad (1-5)$$

将公式（1-5）取对数并关于 t 求一阶导可得：

$$\Delta g_K = (\alpha-1)\Delta K(t)/K(t) + \beta \Delta H(t)/H(t) + \theta \Delta L(t)/L(t) \qquad (1-6)$$

结合公式（1-3）、（1-4）、（1-5）和（1-6）得到：

$$\Delta g_K = (\alpha-1)g_K + \beta \cdot n + \theta \cdot m$$

当物质资本达到稳态均衡时，应有 $\Delta g_K = 0$，所以：

$$g_K^* = \frac{\beta \cdot n + \theta \cdot m}{1-\alpha} \qquad (1-7)$$

其次，考察国民收入 Y 的稳态增长率，将公式（1-1）取对数并关于 t 求一阶导得：

$$g_Y = \frac{\Delta Y(t)}{Y(t)} = \alpha \frac{\Delta K(t)}{K(t)} + \beta \frac{\Delta H(t)}{H(t)} + \theta \frac{\Delta L(t)}{L(t)} \qquad (1-8)$$

[①] 戴维·罗默. 高级宏观经济学 [M]. 苏剑, 罗涛, 等译. 北京: 商务印书馆, 1999: 166 - 168.

[②] 郭玉清, 刘红, 郭庆旺. 中国财政科教支出动态经济效应分析 [J]. 财经研究, 2006 (5): 94 - 107.

结合公式（1-3）、公式（1-4）、公式（1-7）和公式（1-8）可得出国民收入 Y 的稳态增长率为：

$$g_Y^* = \frac{\beta \cdot n + \theta \cdot m}{1-\alpha} \tag{1-9}$$

根据模型设定和公式（1-9）可以得出，当教育财政投入增加时，人力资本增长率 n 会随之增大，进而会导致国民收入的稳态增长率 g_Y^* 提高，而在人口数量相对稳定的前提下，人均国民收入也将进一步提高。

（四）财政性教育支出与经济增长的资源环境代价

经济增长的成本与代价是产生社会收益和创造国民财富的必要前提，而实现经济增长成本与代价的最小化则是高质量经济增长的重要特征。经济增长的成本不仅包括劳动力成本、时间成本和体制成本，还应包括自然资源成本和生态环境成本。就财政性教育支出与资源环境的关系而言，财政性教育支出主要通过推动教育事业发展，从而对生态环境系统产生间接影响，其具体作用体现在以下两个方面。

第一，教育可以提高人类对自然资源的认识。在农业社会阶段，人类对自然资源的认识十分有限，自然界中的大部分资源还未被发现，人类主要依靠柴草、风能和水能从事生产活动。在工业社会阶段，由于蒸汽机、发电机等设备的出现，生产力得到了极大提高，石油、煤炭、天然气等化石燃料替代了柴草、风能和水能，成为生产活动的主要能源。在后工业阶段，现代科学技术的迅速发展使得人类对能源的认识和利用上升到新的阶段，一些再生能源、清洁能源被逐渐推广并普遍使用，如核能、潮汐能、太阳能等，这不仅缓解了全球性的能源危机，还减少了能源消耗与使用对生态环境造成的污染。由此可见，人类认识自然资源的能力是随着生产力和科技水平的发展而提高的，而教育则是推动生产力和科技水平进步的主要因素。

第二，教育能够提高自然资源开发利用的合理性。例如，金属矿、非金属矿、化石燃料等自然资源的形成周期较为漫长，往往长达数百万年，而经济生产所消耗自然资源的速度远大于其再生速度，二者间的矛盾构成了自然资源的稀缺性和不可再生性。一方面，教育事业的发展推动了生产技术变革，改进了自然资源的勘探与提炼技术，从而有效提高了自然资源转化为生产要素或最终产品的效率；另一方面，科技水平的进步使得一部分自然资源的用途更为广泛,从而提高了自然资源的利用价值。除此之外,教育还可以通过培养公民的环境保护意识,从而促进自然资源的合理开发与利用。

财政性教育支出影响经济增长质量的"四个维度"如图1-1所示。

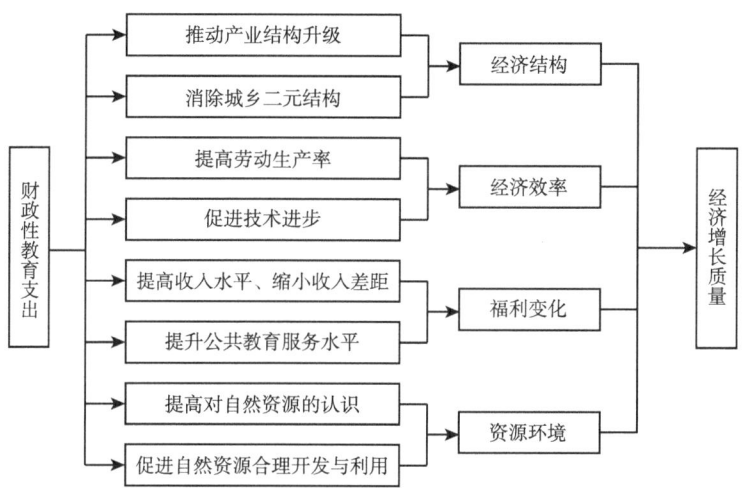

图1-1 财政性教育支出影响经济增长质量的"四个维度"

二、财政性教育支出影响经济增长质量的路径分析

教育投入、人力资本与经济增长是现代社会发展的基础要素,三者之间存在较为密切的联系,教育投入能够培养出各类人力资本,而人力资本又是推动经济增长的内在动力。因此,阐述财政性教育支出影响经济增长质量的作用路径时,需要从两个方面入手:一是说明教育投入是促进人力资本积累的主要方式;二是论述人力资本所蕴含的巨大经济价值。

(一)教育投入是促进人力资本积累的主要方式

在人力资本理论的发展历程中,首先将教育投入视为资本性支出的是法国经济学家萨伊,他认为劳动力为获得知识和技能所付出的教育培训成本是一种资本积累。马歇尔认为人类的才能与其他资本一样,都是重要的生产手段,而以教育投入为主的人力资本投资是提升个人才能的主要手段。舒尔茨和贝克尔同样肯定了教育投资在促进人力资本积累中的突出作用,他们认为促进人力资本积累的方式有多种,而教育投资是形成人力资本的最基本与最

主要方式。我国作为世界上最大的发展中国家，为了提供相对公平的受教育环境，培养适应知识经济时代发展的人才，促进经济持续、健康、稳定发展，政府承担着教育支出的主要责任，并且早在1993年就提出了财政性教育支出占国内生产总值的比重要达到4%的支出目标，说明我国政府早已意识到增加教育支出的重要性和政府承担教育支出的必要性。根据历年教育财政经费的统计数据，我国财政性教育经费占总教育经费的比重长期维持在80%左右的高水平，说明财政性教育支出是我国人力资本形成的主要资金来源。

教育在人力资本形成过程中发挥着多重作用，教育普及程度的提高可以扩大人力资本的数量规模；科学和先进的教育可以提高人的知识水平、劳动技能和创新能力，从而提升人力资本质量；身心健康的体魄是人力资本发挥价值的基础与前提，这同样需要接受教育而获得。具体而言，教育对促进人力资本积累的重要作用主要体现在以下方面。

第一，教育是培养文化知识的主要方式。从原始教育到古代教育，再到现代科学教育，人类社会教育事业的发展大致经历了三个阶段，每个阶段教育的具体内容和主要形式虽然存在区别，但教育传播与教授文化知识的主要职能始终未发生改变。人类社会不断发展进步的历史过程也是文化知识逐渐积累与更新的过程，在此过程中，教育部门会对文化知识进行有目的的概括与梳理，并系统地传授给受教育者。当劳动者掌握一定程度的文化知识后，他们的理解能力、组织协调能力与技能熟练程度会随之提升，使其能够在劳动生产中处理与解决更为复杂的问题。

第二，教育是提高科学素养的重要途径。科学素养是对国民了解与掌握科学技术知识的一种判断，也是构成人力资本的重要部分。Klopfer将科学素养定义为：(1) 通晓基础的科学技术原理、概念与理论；(2) 可以将科学知识应用到日常生活中；(3) 具备基本的科学探索能力和科学思维方式；(4) 了解科学知识、生产技术与经济社会三者间的相互作用关系[1]。就教育与科学素养的关系而言，不同阶段教育对个人科学素养形成的作用各异，其中初等教育对个人掌握基础科学技术原理、概念与理论和培养科学研究兴

---

[1] L. E. Klopfer. A Structure for the Affective Domain in Relation to Science Education [J]. Science Education, 1976, 60 (3): 299 – 312.

趣具有积极作用。中等教育更有利于公民科学思维方式的形成，从而使其能够将科学知识熟练应用到日常生活中。深入了解科学知识、生产技术与经济社会三者间的相互作用关系则是高等教育的主要任务。

第三，教育对个人身心健康有着重要影响。从事生产劳动的个体是人力资本的载体，如果个体具备较高的文化知识水平、科学素养与生产能力，但缺乏健康的体魄或良好的心理状态，也无法将个人能力有效转化为社会生产力。因此，身心健康是人力资本得以发挥作用的基本前提。身心健康主要包括两个方面的内容：一是生理健康，具体指个人身体发育健全且各项生理机能运转正常；二是心理健康，具体指个人具有情绪稳定、行为规范、性格健全、认知正确与态度积极的良好状态。一般而言，受教育程度较高的个人往往具备较强的安全防范意识与较为全面的健康保健知识，在日常工作与生活中受伤与患病的可能性较低；受教育程度较高人群的收入水平较高，所享受的医疗卫生条件较好，所处的生活环境较为优越，其抵御疾病与维持健康的能力较强。在心理健康方面，教育的主要职责不仅包括传授科学文化知识，促进个人性格健全发展与提升心理健康水平也是教育的主要任务。心理健康教育的主要目标是增强个人对心理疾病的认知与预防能力、培养良好的心理素质，从而全面提升个人心理健康水平。在我国，教育事业发展的重要目标之一就是提升国民心理健康水平，各级各类学校也高度重视心理健康教育，通过开展心理健康讲座、开设相关心理辅导课程和建立心理咨询室等方式，有效将心理健康教育融入日常教学内容。

（二）人力资本具有巨大的经济价值

20世纪60年代后，经济学家逐渐认识到人力资本在经济社会发展的突出作用，并将其上升到理论层面，主要是因为人力资本具有巨大的经济价值。在技术还不发达的近现代社会，地理位置、自然资源、资本积累与政治环境是决定经济增长的主要因素，而在科技水平与创新能力迅速提升的当代社会，人力资本对经济增长的决定性作用逐步凸显。舒尔茨（1961）通过解释"经济增长之谜"首次突出了人力资本对经济增长的重要性，突破了早期经济增长理论与古典经济学家重视物质资本投资的经济发展观点，将人力资本提升到与物质资本同等重要的地位。明瑟尔认为人力资本主要从两个方面推动经济增长：一是人力资本与物质资本相结合能够有效增加产出；二是人力资本作为一种知识存量，是促进创新与技术进步的动力源泉，进而对经济增长产生推动作用。卢卡斯（1988）通过建立人力资本积累模型阐述了人力资本在经济增长过程中的重要作用，他认为教育部门的人力资本投资和社会生产中的实践积累可以促进技术进步、提升资本收益率，从而推动经济持续增长。同时，他指出形成人力资本的方式有两种：一是通过教育形成的一般性人力资本；二是以"干中学"方式形成的专业性人力资本。

经济增长理论指出，在技术水平不变时，推动经济增长的主要途径是增加要素投入数量，尽管加大投入规模可以提高经济增长率，但这种增长率的提高并不一定导致经济发展水平或增长效益的提升。当存在技术进步时，即使要素投入数量不变，也可以导致产出水平提升，从而有效提高经济发展水平与经济增长效益，在此过程中，人力资本既是新技术得以推广与传播的载体，又是推动技术进步的主要力量，通过人力资本作用的有效发挥，各投入要素在生产过程中的使用效率将得到全面提升。具体而言，人力资本在经济增长过程中的决定性作用主要体现在以下几个方面。

第一，人力资本积累水平提升会改善物质资本生产效率，有效提高经济增长效率。由于物质资本具有边际收益递减特性，因而在技术水平不变的条件下，持续增加物质资本投入数量并不会导致等量的经济增长，最终会使得经济增长面临瓶颈。然而，人力资本积累水平的提升可以摆脱这种增长困境。一方面，人力资本是劳动力生产能力与人口素质的重要体现，较高的人力资本积累水平意味着劳动力的综合素质较高，有利于提高物质资本的使用效率。另一方面，随着技术水平提升，效率更高、质量更好的新生产设备将会取代原有的旧设备，直接推动物质资本的更新换代，而人力资本则是推动技术进步与设备更新的主要力量。

第二，人力资本具有边际收益递增的特征，这种特征可以有效弱化甚至抵消物质资本边际收益递减的缺陷，使经济增长达到稳定与可持续的状态，有利于实现经济高质量增长。知识存量是人力资本的重要组成部分，也是使得人力资本具有边际收益递增特征的内在原因，这是因为知识存量具有外溢性与扩张性两种属性。知识存量的外溢性是指某一部门或地区新方法与新技术的应用会对其他部门或地区产生示范效应，扩大新技术与新方法的使用范围，从而在整体上提升经济增长效益。知识存量的扩张性是指当知识与技术的积累水平达到一定程度时，将会引致重大技术革新与生产效率大幅提高，并且这种生产能力的提高将呈现出扩张趋势。因此，知识存量的循序积累会向外拓展社会生产的可能性边界，最终使得人力资本呈现出边际收益递增的特征。

第三，人力资本对其他生产要素的替代作用日益增强，并已成为推动经济发展的重要驱动力。众所周知，单纯依靠物质资本与劳动投入的经济增长模式已无法完全满足当代经济社会的发展需求，需要加入更多包含各种智力因素在内的人力资本。通过对发展中国家与发达国家进行比较可以发现，劳动力、自然资源与物质资本投入仍是推动发展中国家经济增长的主要动力，而在发达国家中，人力资本则对经济增长的贡献较大，或者说人力资本在各生产要素中所占的比重相对较高。相关实证研究也表明，在处于转型阶段或经济发展水平较低的国家中，人力资本对经济增长的贡献较小，而在经济增长质量较高的经济体中，人力资本在各生产要素中所占的比重较高，并且随着该比重的提高，人力资本的经济增长效应将会进一步增强（孙东生，2013；Teixeira，2016）。由此可见，在当代经济发展过程中，人力资本正在逐步替代其他生产要素，并成为推动经济高质量增长的重要动力。

第四，人力资本积累水平较高意味着公民具备先进的思想观念、规范的道德操守与较高的精神素质，有助于人的全面发展，也为提升经济增长质量创造了良好的基本条件。一国经济能否实现稳定而持续的增长不仅取决于物质财富的丰裕程度，公民的思想观念、道德操守与精神素质也是重要影响因素。科技创新概念和先进思想观念的产生是催生技术进步的重要前提条件，熊彼特的创新理论系统阐述了这种观点，并且被各国发展的历史经验所证实。通常情况下，公民的思想观念越先进、道德行为越规范、开拓创新精神越强，实现技术进步的可能性越高，经济增长动力越充足。若公民思想守旧、素质低下、缺乏奋斗精神，则会使国民经济陷入低增长甚至停滞的窘境。因此，提升人力资本积累水平有利于人的全面发展，也是实现社会现代化和经济高质量增长的前提条件。

综上可知，教育投入可以通过提升文化知识水平、培养科学素养与提高身心健康程度的方式促进人力资本积累，进一步，人力资本又能够经过多种途径影响经济增长质量，即存在一种"财政性教育支出增加—人力资本积累—经济增长质量提升"的内涵式增长路径，三者间的作用关系如图1-2所示。

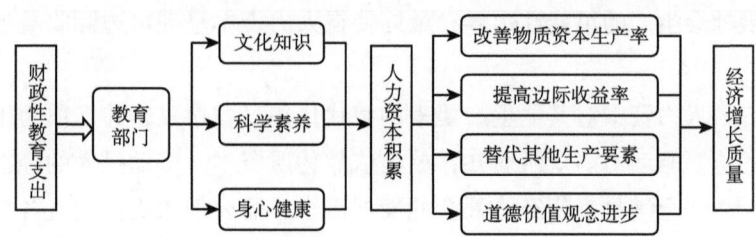

图1-2 财政性教育支出、人力资本与经济增长质量的作用路径

三、财政性教育支出影响经济增长质量的空间溢出效应

外部性理论和新经济地理学的相关理论研究表明,教育的溢出效应不仅体现在教育部门与非教育部门之间,在人口跨区域流动和地区间贸易往来日趋频繁的现实背景下,教育投入的空间溢出效应也十分明显。财政性教育支出作为我国教育投入的主体部分,其对经济增长质量的空间溢出效应主要包括两个方面:一是财政性教育经费中人力资本投资的溢出效应(Feldman, 2000;李世刚和尹恒,2012)。由于经济、政治、社会文化和生态环境等因素的驱动,人力资本具有流动性特征,本地区教育财政投入所培养出的人力资本会迁移至其他地区,从而对其他地区的经济增长产生促进作用。二是财政性教育经费中资本性支出的溢出效应。资本性支出主要包括用于教学与科研的办公用品、教学器材、科研设备、图书资料等的购置经费和用于校舍建设和危房改造等方面的基建投资,若此类支出所购买的商品或劳务来源于其他地区,则会对其他地区的经济增长产生直接贡献。因此,本地区的财政性教育支出在影响本地经济增长质量的同时可能会对其他地区的经济增长质量产生推动作用。

地理学第一定律认为任何事物在一定空间范围内都具有不同程度的相关性(Tobler,1970)①,经济增长作为社会发展的重要标准也不例外。空间相互作用理论系统阐述了地区间经济增长的相互作用与内在联系,该理论指出地区间商品、资本、劳动力、信息、知识、技术等要素的相互传输会对区域

---

① Tobler W. A Computer Movie Simulating Urban Growth in the Detroit Region [J]. Economic Geography, 1970, 46 (1): 234-240.

间经济关系的建立与变化产生重要影响。一方面,空间相互作用能够推动区域间信息流通、技术扩散、人才流动,拓展发展空间,从而使区域间经济增长呈现出相互促进的良性局面。另一方面,空间相互作用又会引起区域间对要素、资源、发展机会等的竞争,例如地方政府竞相将资金投入基础设施领域的财政支出竞争,地方政府为争夺流动性资本而展开的税收竞争,这些竞争可能会破坏区域经济协同增长,也可能成为推动各地区经济持续增长的重要力量(李小建,2004;张军等,2017)。同时,空间相互作用理论也指出区域间的可达性是存在经济增长空间关联性的基本前提,而运输时间、交通条件与传输客体的可运输性则是影响可达性的主要因素。我国交通基础设施的逐步完善、物流业的迅速发展与便捷支付的推广应用,为地区间的经济往来提供了便利条件,很大程度上缩短了生产要素的运输时间,提高了传输客体的可运输性,进而增强了区域间的经济关联性(王雨飞和倪鹏飞,2016)。结合我国区域经济发展的现实情况,改革开放以来,中央政府高度重视地区间经济协调发展,适时推出了一系列促进区域均衡发展的政策与战略,如以推动地区间优势互补、相互促进、共同发展为目标的西部大开发战略、中部崛起战略和东北振兴战略等,这些举措在成功缩小区域经济发展差距的同时,也有效催生了地区间经济增长的空间关联性,而且这种区域联动关系已经成为经济发展中难以忽视的关键因素(李敬等,2014;张春梅等,2018;张伟丽等,2019)。事实上,目前已有相关研究证实了中国区域经济增长存在空间关联特征,且空间关联性会随着时间的推移而增强(潘文卿,2012;刘晓欣和张耀,2020)。由此可知,在财政性教育支出影响经济增长质量的过程中,地区间经济增长质量也存在一定程度的空间关联性,并且在我国政府极力促进区域经济均衡与高质量发展的现实背景下,地区间经济增长质量可能呈现出相互促进的良性发展格局。

如前所述,人力资本跨区域流动和地区间贸易往来是导致财政性教育支出存在空间溢出效应的内在原因。就人力资本跨区域流动而言,人力资本是凝结在劳动者身上的知识、技能、实践经验和健康等要素,因此,人口是人力资本的基本载体,人力资本流动就意味着人口流动。随着户籍制度改革的深入推进与交通基础设施的逐步完善,我国劳动力和家庭在地区间的转移变得日益频繁,尤其是进入21世纪后,流动人口规模的增长幅度明显,2000—2020年,全国流动人口数量由1.21亿人增长到3.76亿人,占总人口的比重由 9.55% 上升至 26.04%①,这使得人口流动逐渐成为导致财政性教育支出产生空间溢出的重要原因。Fingleton (2006) 在研究中也指出,人力资本对经济社会的作用不仅限于本地区,对周边地区亦有影响②。对于地区间贸易往来而言,虽然贸易往来是导致教育支出存在空间溢出的内在原因,但其对溢出效应的影响较小,这主要是因为财政性教育支出中用于地区间贸易往来途径的资本性支出所占的比例较小。以 2018 年为例,地方政府教育财政经费中资本性支出所占的比重为 32.36%③,而实际中以地区间贸易往来形式安排的支出份额可能远低于此数值,因而其对教育支出空间溢出的贡献较小。综上可知,在财政性教育支出影响经济增长质量的过程中,人口流动是其空间溢出的主要渠道。

本章小结

本章主要通过阐述财政性教育支出和经济增长质量的基本概念、相关理论以及二者间的作用机制,为后续实证检验财政性教育支出与经济增长质量的数量关系进行了理论铺垫,具体内容总结如下。

第一,界定了财政性教育支出和经济增长质量的基本概念。在界定财政性教育支出时,明确了财政性教育支出所包含的具体内容和财政性教育支出规模的衡量标准,并进一步将财政性教育支出结构分为层级结构与区域结构。在界定经济增长质量时,从研究对象、研究范围、衡量标准以及影响因素等方面对经济增长数量与经济增长质量进行了区别,并从经济结构、产出效率、福利变化和资源环境等维度界定了经济增长质量的具体内涵。

第二,阐述了与研究相关的基础理论。依据公共物品和外部性的基本概念,论述了义务教育的纯公共物品属性、高层级教育的准公共物品属性和教

---

① 数据来源:《中国人口和就业统计年鉴 2001》;国家统计局. 第七次全国人口普查公报(第七号)[R/OL]. (2021-05-11)[2021-06-12]. http://www.stats.gov.cn/ztjc/zdtjgz/zgrkpc/dqcrkpc/ggl/202105/t20210519_1817700.html。

② Fingleton B., Lopez-Bazo E. Empirical Growth Models with Spatial Effects [J]. Papers in Regional Science, 2006, 85 (2): 177-198.

③ 该占比根据《中国教育经费统计年鉴 2019》所公布的数据测算得出,其中教育经费中资本性支出包括商品与劳务支出、基本建设支出和其他资本性支出。

育投入的空间外溢效应；阐述了人力资本理论的思想起源与主要内容；梳理了经济增长理论的发展历程和关于经济增长质量的相关论述。

第三，分析了财政性教育支出对经济增长质量的影响机制。首先，从结构、效率、福利变化和资源环境等方面阐述了财政性教育支出影响经济增长质量的四个维度；其次，对"财政性教育支出增加—人力资本积累—经济增长质量提升"的内涵式增长路径进行了论述；最后，分析了财政性教育支出在影响经济增长质量时所产生的空间外溢效应。

第二章

财政性教育支出的发展历程与现状分析

第一节 财政性教育支出的发展历程

新中国成立之初,国家为快速恢复国民经济正常运行、提升全社会生产力水平,实行了中央高度集权的计划经济体制,在这种大背景下,教育财政领域的管理权限也相对集中,这一集权体制对当时地区间基础教育均衡发展起到了积极作用,也为社会发展提供了必要的专业化人才。但是,高度集中的教育财政管理体制降低了地方政府兴办教育的积极性,弱化了地方政府在教育领域的公共职能。改革开放以来,国家对教育财政体制进行了一系列改革,逐步强化了地方政府发展教育的职责,形成了符合社会主义市场经济体制的公共教育财政体制。根据各时期教育财政体制改革的不同特征,可以大致将其分为以下三个阶段。

一、中央与地方分权的教育财政体制建立(1980—1992年)

一方面,党的十一届三中全会后,党和国家为确保改革开放与四个现代化建设的稳步推进,对财政管理体制进行了全面改革,改变了以往由中央政府统一管理国家财政收支的做法,建立了"划分收支、分级管理"的新财政体制。另一方面,党和国家逐渐意识到教育事业在社会发展与经济建设中的重要性,党的十一届三中全会提出教育是关系中华民族前途命运与社会主义现代化建设的根本性事业,并将其放在优先发展的战略地位上。虽然国家提高了对教育的重视程度,但当时我国教育事业发展仍存在诸多问题,如教育经费严重短缺，导致办学条件较差、教育质量较低；教育普及率偏低，无法满足四个现代化建设的需要。因此，亟须推动教育事业快速发展，使教育更好地服务于社会主义现代化建设。财政体制与教育事业发展目标是影响教育财政体制的内在因素，因而在新财政体制顺利实施与教育事业亟须发展的时代背景下，中央与地方政府在教育领域的责任与分工也进行了相应调整。

（一）"地方负责、分级管理"的基础教育财政体制建立

1980年，国家颁布了《关于实行新财政体制后教育经费安排问题的建议》，其中明确财政部、教育部与计划部不再联合拨付教育经费，地方政府要承担一定份额的教育经费，这初步确立了"中央与地方两级政府分级管理"的教育财政改革方向。1986年4月，《中华人民共和国义务教育法》正式出台，以立法的形式确定了"地方负责、分级管理"的义务教育管理体制，同时也为义务教育财政管理体制改革提供了法律保障。这些政策措施的贯彻落实，基本确立了以"地方负责、分级管理"为原则的基础教育财政管理体制，这为基础教育事业的稳定发展提供了必要支持，也提高了地方政府筹集教育经费的积极性。但值得注意的是，在实施基础教育分级管理后，部分地区出现了将教育支出责任下放到乡甚至村一级政府的现象，这无疑加大了乡、村两级政府的教育财政支出压力，尤其在财政收入能力较弱的老、少、边、穷地区，教育经费长期短缺、办学条件持续恶化，严重影响了基础教育的发展进程，到20世纪80年代中期，部分地区仍存在未普及小学教育的现象。为改善这种状况，国家将财政性教育支出责任收回到县级政府，以缓解乡、村两级政府筹措教育经费的压力；为支持贫困地区基础教育发展，国家加强了转移支付力度，设立了支持欠发达地区教育事业发展的专项补助。这两项举措对推动基础教育均衡发展起到了关键作用。

（二）"分级管理、成本分担"的高等教育财政体制初步形成

在高度集中的计划经济时期，高等教育经费由中央政府统一下拨，地方财政与相关部门主要负责经费管理与具体使用。1980年后，中央部门直属高等院校的教育经费仍由中央政府负担，地方政府举办并负责管理的高等院校教育经费则交由地方财政部门负责，高等教育财政经费不再由中央政府统一安排，初步形成了中央与地方政府共同负担教育经费的高等教育财政管理体

制。这种以分级管理为基本原则的管理体制赋予了地方政府发展高等教育的权力与职责，有利于地方政府根据本地区社会发展的现实需求灵活调整高等院校的发展目标、办学理念与教育结构，体现了教育事业服务于社会主义现代化建设的发展方针，也在一定程度上激发了地方政府举办高等教育的积极性。然而，分级管理的高等教育财政体制也存在两点不足之处：一是出现了地区间高等教育非均衡发展的现象，这是由于经济发达地区的财政收入水平较高，当地高等院校具备教育经费充足、办学条件优越与师资力量充沛等优势，教育质量与办学水平得到了较大幅度的提升，而处于经济欠发达地区的高等院校则面临经费紧缺、教职工待遇偏低等困难，从而极大限度地制约了高等教育的均衡发展。二是在地方政府具备高等教育管理自主权与缺乏中央政府全局管控的前提下，部分地区为快速推动高等教育发展，将建立学科、层级较为齐全的高等教育体系作为重要发展目标。这虽然有助于提高本地区高等院校的综合竞争力，但从全国层面来看，这种办学方式会在一定程度上造成学科设置重叠的问题，从而不利于提升高等教育经费的整体使用效益。

1985 年之前，国家财政不仅统一安排全国高等院校的办学经费，而且对在读大学生提供免除学费、住宿费与给予生活补助的助学政策。然而，这种高等教育财政管理体制使得各级政府的财政支出压力较大，并且在政府财力相对有限的前提下，不利于高等教育的规模扩张与普及率提升。此外，社会主义现代化进程的顺利推进需要大量各行各业的高层次人才，而由国家财政完全负担高等教育经费的管理体制无法完全满足这种发展需求。因此，为缓解各级政府的高等教育财政支出压力，培养适应社会主义现代化建设的高层次人才，国家于 1985 年开始实行包含少量学费与杂费在内的助学金制度，让个人承担了少量的高等教育成本。到 1987 年，高等院校已建立了以助学金、奖学金与助学贷款为主的资助体系，并且逐步向学生收取一定数额的学费，这进一步减轻了各级政府筹措高等教育经费的压力，同时也初步建立起了高等教育成本分担的基本制度。20 世纪 90 年代后，国民经济的快速发展使得居民收入水平有所提升，因而国家在充分考虑居民经济承受能力的基础上，逐步提高了高等院校的收费标准。高等教育成本分担制度的建立与完善，减轻了各级政府举办与发展高等教育的压力，为高等教育服务于社会主义现代化建设提供了制度保障。

二、"以县为主、多渠道筹资"的教育财政体制形成（1993—2005年）

1992年召开的全国代表大会进一步明确了经济体制的改革方向，加快了包括教育在内的众多领域的改革步伐。在此背景下，国家于1993年出台了《中国教育改革和发展纲要》，提出要改革以往"包得过多、统得过死"的教育体制，推动教育体制与社会主义市场经济体制相适应。1994年，国家为理顺央地政府间的财政关系，解决前期"放权让利"所造成的中央政府财力不足的问题，进行了以"财权与事权相一致"为原则的分税制财政体制改革，而教育财政体制在中央与地方财政关系重构的影响下，也产生了相应变化。另外，在国家逐渐重视教育事业发展的背景下，财政性教育支出总额实现了稳步增长，由1980年的124.30亿元增长到1993年的867.76亿元，但财政性教育支出占国内生产总值的比重却由1980年的2.97%波动式下降至1993年的2.46%（见图2-1），这表明教育事业发展相对滞后于经济发展，没有有效贯彻优先发展教育事业的战略方针。以上改革举措的陆续推出与财政性教育支出存在的阶段性问题为教育事业发展提出了新的要求，也促使教育财政体制进行更为深入的改革。

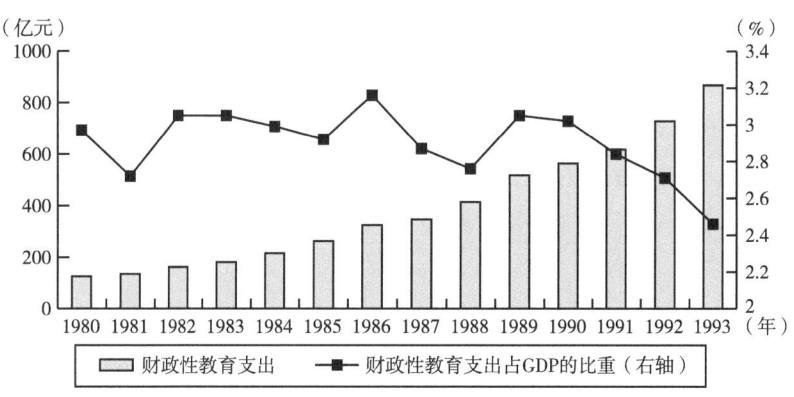

图2-1　1980—1993年全国财政性教育支出的变动趋势

（一）"以县为主"的基础教育财政体制建立

经过20世纪80年代的一系列教育体制改革，我国基本形成了分级管理的基础教育财政管理体制,并取得了一定成效。截止到1992年底,全国普通小学和中学生均预算内教育事业费支出已分别增长到139.35元和300.96元,7—11周岁小学学龄儿童入学率和小学毕业生升学率已分别达到97.95%和79.7%。但随着1994年分税制改革的实施,基础教育事业发展又面临着新的问题。一方面,分税制改革在提高中央政府财政收入占比的同时降低了乡级政府的财政收入能力,而乡级政府主要负担基础教育经费的支出责任并没有相应减轻,这无疑加大了乡级政府的教育支出压力。另一方面,我国当时地区间经济发展非均衡的问题较为突出,因而地区间的财力差距也比较明显,在乡级政府财政收入能力下降的影响下,进一步拉大了区域间基础教育的发展差距。2000年,国家开始推进农村地区的税费制度改革,取消了农村教育集资、农村教育费附加等面向农民征收的政府性基金和行政事业性收费,这一举措在减轻农民负担的同时也对农村地区基础教育的发展造成了困难。这主要是因为大部分地区的农村教育集资与农村教育费附加是中小学教师工资和校舍修建改造的主要资金来源,而这些收费项目的取消对教师工资按时足额发放和学校危房改造产生了不利影响,从而恶化了农村地区基础教育的办学环境。

因此,国家为保障基础教育健康发展,于2001—2003年陆续发布了《关于基础教育改革与发展的决定》和《关于进一步加强农村义务教育工作的决定》,这些文件强化了县级政府在义务教育发展规划、义务教育经费筹集、教职工工资管理与发放等方面的职责,并规定实行"地方负责、分级管理、以县为主"的义务教育管理体制。另外,中央、省与地级政府要以转移支付的形式解决财政困难县义务教育经费短缺的问题,增强其经费保障能力。义务教育新管理体制和财政转移支付制度的建立与完善,强化了县级政府在义务教育筹资与管理方面的责任,提高了农村地区基础教育的经费保障水平,在一定程度上缓解了农村义务教育经费紧张的局面,为基础教育健康发展提供了有力支持。

(二)"多渠道筹集教育经费"体制的建立与完善

教育经费是教育事业发展的物质基础,是贯彻落实优先发展教育事业战略方针的根本保障。然而,在20世纪80—90年代国民经济取得较快发展的前提下,财政性教育支出占国内生产总值的比重却有所下降,这在一定程度上影响了教育事业的发展进程。针对这种情况,国家于1993年颁布了《中国教育改革和发展纲要》(以下简称《纲要》),对加大教育经费投入力度、拓宽教育经费来源渠道进行了部署：第一，国家财政为主、其他筹资渠道为辅的教育经费筹措体制要逐步建立起来。第二，《纲要》明确了国家财政在筹集教育经费中的重要作用，强调各级政府必须切实执行"两个增长"的规定，并在此基础上提出各级政府财政支出中教育支出所占的比重要有所提高。第三，《纲要》为保障教育费附加稳定增长，对其征收比例与征收办法进行了完善，规定城市教育费附加要按照增值税、产品税与营业税的2%—3%征收①，农村教育费附加征收办法的制定权则交由各省级政府。除此之外，各地方政府还可根据本地区经济发展的状况，开征其他用于教育事业发展的附加费。1995年3月，"以财政投入为主、多元筹资渠道为辅"的教育经费筹资体制被正式写入《中华人民共和国教育法》，进一步明确了各级财政在筹集教育经费时的主渠道作用，也为多渠道筹集教育经费提供了法律依据。经过以上一系列改革，财政性教育经费的支出情况有所改善，具体表现在以下方面：一是全国财政性教育支出及其占GDP的比重均有所提高，到2005年，支出总量及其占GDP的比重分别上升至5161.08亿元和2.79%；二是在教育费附加征收办法得以完善后，各级政府征收并用于教育的税费实现了稳定增长，到2005年，其数值已增长至363.22亿元；三是国家财政在筹集教育经费时的主渠道作用逐步凸显出来，根据图2-2可以看出，1993年全国预算内教育经费占财政性教育经费的比重为74.26%，到2005年，该占比已上升至90.40%②。

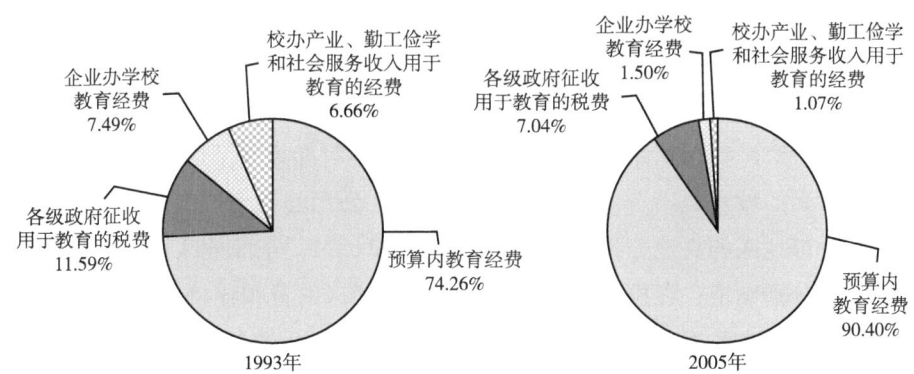

图2-2 全国财政性教育经费中各来源渠道的经费投入情况

① 1994年分税制财政体制改革后，产品税被改为消费税。
② 以上相关统计数据来源于历年《中国统计年鉴》和《中国教育经费统计年鉴》。

三、公共教育财政体制的建立与完善（2006年至今）

21世纪后，人力资本对经济持续稳定增长的积极作用越发凸显，而教育则是促进人力资本积累的主要途径。一方面，为适应经济社会发展的新变化，我国政府适时提出了"人才强国"的发展战略，制定了优先发展教育事业、优先满足教育需求、优先保障教育投入的重要发展思路。另一方面，改革开放以来我国教育事业发展取得了一定成绩，基础教育普及率有所提高，高等教育规模逐步扩大，教育供求矛盾得到了缓解，但仍然存在一些问题，如农村义务教育缺乏稳定长效的经费保障机制，区域间义务教育发展水平存在差距，高等教育的学生奖助体系和经费筹集体制还有待完善，不利于服务于知识经济的高层次人才培养。因此，建立公共教育财政体制，促进义务教育均衡发展，进一步完善高等教育经费筹集模式成为这一时期教育财政体制改革的主要任务。

（一）义务教育财政体制的进一步完善

"地方负责、以县为主"的义务教育财政体制虽然强化了县级政府的教育支出与管理职责，但未对县级以上政府的教育投资责任做出明确规定，难以形成较为稳定的义务教育经费保障体系。同时，区域经济发展非均衡所导致的地区财政收入差距使得部分贫困县出现了义务教育经费短缺的问题，极大地阻碍了义务教育的均衡发展。为着力解决上述问题，国家于2005年颁布了《关于深化农村义务教育经费保障机制改革的通知》（以下简称《通知》），提出要实行中央与地方共同负担义务教育经费的制度，持续加大教育投资力度，提高教育经费保障水平。同时，《通知》还明确规定了中央与地方政府在不同方面的教育经费分担比例，在增加学生公用经费和减免学杂费方面，西部和中部地区的央地分担比例分别为8：2和6：4，东部地区根据自身财政收支状况分别确定；在校舍改造方面，中西部地区的分担比例为5：5，对于东部地区，中央政府提供一定额度的资金支持，其余经费由地方政府承担；在提供免费教科书方面，东部地区由地方政府负担，中西部地区由中央政府负担；在提供生活补助方面，各地区均由地方政府全额承担。这些改革举措的逐步贯彻落实为建立中央与地方政府共同负担农村义务教育经费的保障机制提供了有力支持，有效将农村义务教育纳入了公共财政的保障范围。

2006年后,为确保农村义务教育经费保障机制改革的顺利推行,教育部、财政部于2006年和2007年分别颁布了《农村义务教育经费保障机制改革中央专项资金支付管理暂行办法》、《关于调整完善农村义务教育经费保障机制改革有关政策的通知》,两份文件指出用于改革的中央专项资金要及时足额落实到位,要为农村中小学生提供免费教科书,要提高部分地区农村义务教育生均公用经费基本标准。同时,2006年后,国家不再收取义务教育的学费与相关杂费,自此,全国范围的免费义务教育得以实现。2015年12月,国家进一步对城乡中小学生统一提供免书本费、免学杂费政策,对城乡经济困难学生统一提供生活费补助政策,上述政策的落地实施有助于缩小城乡义务教育发展差距,有力推进了教育公共服务均等化。随着这一时期义务教育财政体制改革的有序推进,我国义务教育阶段财政投入实现了稳步增长,从图2-3中可以看出,义务教育财政投入由2005年的2649.79亿元逐年增长至2018年的19279.89亿元,年平均增长16.49%,义务教育财政投入占义务教育经费的比重由2005年的79.59%上升至2018年的93.09%,义务教育财政投入总量以及占比的大幅提高表明我国加大义务教育投入力度和提高义务教育经费保障水平的改革较为成功。农村义务教育财政投入由2005年的1654.47亿元逐年增长至2018年的11576.30亿元,年平均增长16.13%,农村义务教育财政投入占义务教育经费的比重由2005年的49.70%上升至2018年的55.90%,农村义务教育财政投入总量以及占比的提高体现出了国家完善农村义务教育经费保障机制的改革成效,也为实现基础教育机会公平和推进教育公共服务均等化提供了有力支持。

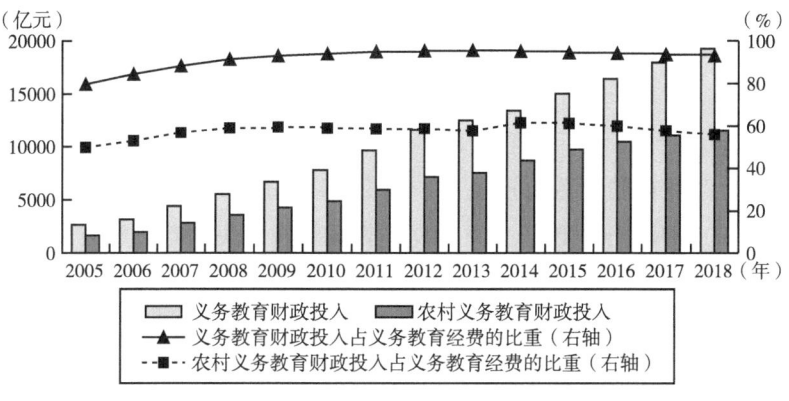

图2-3 2005—2018年全国义务教育财政投入情况

（二）高等教育学生奖助体系和经费筹集体制的改革与完善

2007年，国家为进一步促进高等教育机会公平，扩大对经济困难学生的资助范围和提高资助标准，印发了《关于建立健全普通本科高校、高等职业学校和中等职业学校家庭经济困难学生资助政策体系的意见》，文件指出在经济困难学生资助方面，要依照公共财政体制的具体要求，加大财政投入力度，采取多种方式对经济困难学生进行资助，建立以政府投入为主的学生资助体系。在奖助学金制度完善方面，中央、地方以及相关部门要明确划分职责，国家奖学金所需经费仍由中央政府承担，国家助学金与励志奖学金所需经费由中央与地方政府共同承担，并且中央政府要对中西部地区给予一定支持。2010年7月，教育部出台了《国家中长期教育改革和发展规划纲要（2010—2020年）》（以下简称《纲要》），对高等教育经费筹集体制进行了改革。《纲要》指出要将以往"政府投入为主、多元渠道为辅"的高等教育经费筹集体制，改为"举办者投入为主、受教育者合理分担成本、高等院校设立基金接受社会捐赠"的新体制。新筹资体制的建立突出了高等教育的准公共物品属性，强调受教育者要合理分担培养成本，同时也充分肯定了教育基金、社会捐赠等其他渠道对筹集高等教育经费的重要性。2015年12月，国家重新修订了《中华人民共和国高等教育法》，将高等教育经费筹集体制调整为"举办者投入为主、高等院校多渠道筹集资金、受教育者合理分担成本"，从立法的角度进一步完善了高等教育经费筹集体制。经过这一阶段对高等教育经费筹集体制的改革，我国高等教育阶段的财政与非财政投入均实现了稳定增长。如图2-4所示，高等教育财政投入由2005年的1128.54亿元增长至2018年的7545.98亿元，年平均增长15.73%，高等教育非财政投入由2005年的1529.32亿元增长至2018年的4475.85亿元，年平均增长8.61%。但是，高等教育非财政投入占高等教育经费的比重却有所降低，由2005年的57.54%逐渐下降至2018年的37.23%，相应地，高等教育财政投入占高等教育经费的比重有所上升，由2005年的42.46%上升至2018年的62.77%，这说明我国现阶段建立的高等教育经费筹集体制虽然强调了民间资本、社会捐赠、受教育者合理负担培养成本等非财政渠道对筹集教育经费的重要性，但近年来非财政投入在高等教育经费中的占比却有所降低，高等教育经费的主要来源依然是财政投入，且高等教育财政投入占高等教育经费的比重还存在进一步上升的可能。

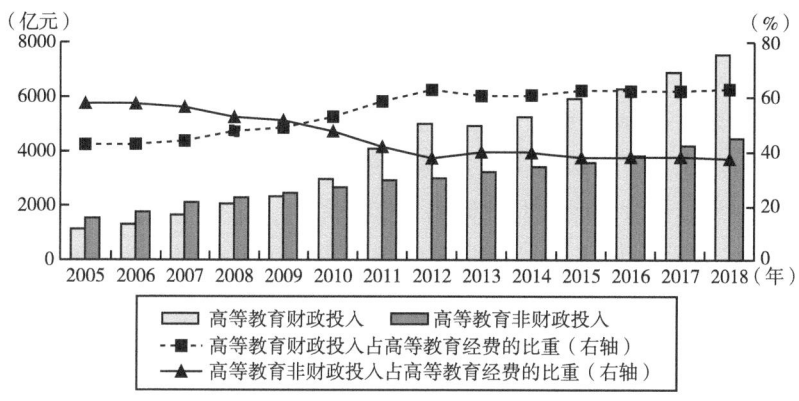

图 2-4 2005—2018 年全国高等教育经费变化情况

第二节 财政性教育支出的现状分析

通过上一节对教育财政体制改革的演进历程进行梳理发现，我国教育财政体制逐步由改革开放前高度集中的教育财政体制演变为现阶段的公共教育财政体制，在此期间，教育投入大幅增长，教育体系逐步完善，教育质量显著提高，但无论在哪一时期，国家财政始终是教育投资的主要承担者。教育财政投入是支持教育事业健康持续发展的战略性投资，其投入规模与配置结构是影响教育现代化进程和人才培养体系的重要因素。基于此，本节将从规模和结构两个方面对我国财政性教育支出的基本状况进行描述与分析。

一、财政性教育支出规模

（一）财政性教育支出绝对规模

进入 21 世纪以来，各级政府在优先发展教育事业的战略部署下，逐步建立与完善了教育经费保障机制，并积极采取多种措施增加教育投入，国家财政性教育支出于 2008 年首次突破了 1 万亿元，并在 2020 年达到了 42891.00 亿元，相比于 2000 年的 2562.61 亿元，增长了 15.74 倍。如果采用以 2000 年为基期的消费价格指数进行处理，2020 年的实际财政性教育支出为 27106.66 亿元，与 2000 年相比，仍增长了 9.58 倍。

根据图 2-5 可以看出，2000 年后我国财政性教育支出的变动趋势大致可分为三个阶段：第一阶段为 2000—2005 年，这一时期国家为提高义务教育经费保障水平，逐步形成了"地方负责、分级管理"的义务教育财政管理体制，并建立与完善了县级以上政府在教育领域的财政转移支付制度。同时，多渠道筹集教育经费的教育财政体制也逐步完善，除公共预算外的财政性教育经费实现了稳定增长。在这些政策措施的引导下，全国财政性教育支出逐年增长，由 2000 年的 2562.61 亿元增长至 2005 年的 5161.08 亿元，年平均增长 15.03%，高于同期国内生产总值 13.31% 的年均增长率。第二阶段为 2006—2012 年，在此期间，国家强化了县级以上政府的教育投资职责，将农村义务教育纳入了公共财政的保障范围，推行了全国范围的免费义务教育，逐步完善了高等教育的学生奖助体系，扩大了资助范围，提高了资助标准。更为重要的是，2010 年颁布的《国家中长期教育改革和发展规划纲要（2010—2020 年）》明确指出财政性教育支出占 GDP 的比重要在 2012 年达到 4%，这极大地促进了教育财政投入增长。此外，2006—2012 年我国国内生产总值年均增长 16.15%，为教育财政投入增长提供了有力支持。在以上政策与目标的推动下，财政性教育支出由 2006 年的 6348.36 亿元大幅增长至 2012 年的 23147.57 亿元，年平均增长 24.07%，高于上一阶段财政性教育支出的年均增长率。就财政性教育支出的增长速度而言，2006—2008 年财政性教育支出的增长速度较快，2007 年的增长率达到了近 20 年的峰值 30.43%；2008 年后，由于受到国际金融危机的冲击，财政性教育支出的增长速度有所下降，2009 年与 2010 年的增长率分别为 17.05% 和 19.94%；2010 年后，为完成"占比 4%"的支出目标，财政性教育支出的增长速度有所提高，2011 年和 2012 年的增长率分别达到了 26.70% 和 24.54%。第三阶段为 2013 年至今，这一时期公共教育财政体制逐步完善，城乡义务教育差距逐渐缩小，高等教育经费筹集体制进行了调整，财政性教育支出由 2013 年的 24488.22 亿元增长至 2020 年的 42891.00 亿元，年平均增长 8.34%，增长幅度低于上两个阶段。在增速方面，在完成了"占比 4%"的支出目标后，财政性教育支出增速的下降幅度较大，2013 年的增速仅为 5.79%，与 2012 年相比，下降了近 19 个百分点，此后几年，除 2015 年的增速为 12.63% 外，其余年份基本维持在 5%—9%。

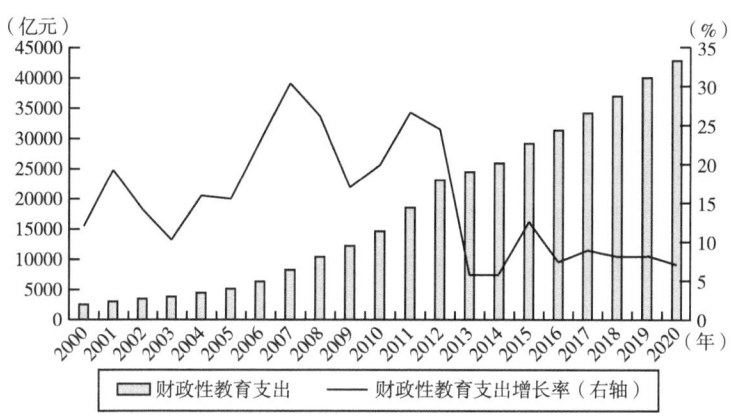

图 2-5　2000—2020 年全国财政性教育支出情况

2000 年以来，我国财政性教育支出实现了稳步增长，而财政性教育经费各构成部分的变动趋势如何，本部分将对其进行描述与分析，表 2-1 报告了历年全国财政性教育经费各构成部分的具体情况①。可以看出，2013 年之前，财政性教育经费的来源主要包括公共预算内教育经费、各级政府征收用于教育的税费、企业办学中的企业拨款、校办产业和社会服务收入用于教育的经费以及其他财政性教育经费。2014 年，国家对财政性教育经费收入来源的统计口径进行了调整，不再统计各级政府征收用于教育的税费，并将原来属于教育税费部分的教育费附加归入公共预算内教育经费，同时，新增的统计科目为政府性基金预算安排的教育经费，其主要内容为彩票公益金。

对表 2-1 中数据进行归纳总结发现，财政性教育经费的各构成部分主要呈现出以下特征：第一，公共预算内教育经费是财政性教育经费的主要来源。2000—2018 年，公共预算内财政性教育经费由 2085.68 亿元增长至 35929.94 亿元，增长了 16.23 倍，占财政性教育经费的比重由 81.39% 上升至 97.12%，其中 2016 年的占比最高，为 97.75%。可以看出，财政性教育经费中公共预算内教育经费所占的比重长期保持在 80% 以上，并且在 2014 年统计口径发生改变后，其占比稳定在 90% 以上，说明公共预算内教育经费在财政性教育经费中的主渠道作用比较突出，是主要的经费来源。第二，政府征收用于教育的税费呈现出先降后升的趋势。在总量方面，由于国家于 2000 年停止

---

①　表中所报告数据的截止期为 2018 年。

征收了农村地区的教育费附加,使得2000—2003年的教育税费总量出现了短期下滑。2004年后,教育税费逐年增长,到2013年,税费总量为2353.55亿元,比2000年增加了7.29倍,年均增长率达17.66%。在占比方面,2000—2009年,教育税费占财政性教育经费的比重由11.08%波动式下降至6.03%,2010年后,其占比逐步上升至2013年的9.61%。第三,政府性基金预算安排的教育经费总量与占比较低。2014年国家开始统计政府性基金预算安排的教育经费,当年的经费总量为1178.47亿元,占财政性教育经费的比重为4.54%。此后几年,其总量与占比大幅下降,2018年的数值分别为459.00亿元和1.24%。第四,企业办学中的企业拨款、校办产业和社会服务收入用于教育的经费总量与占比均呈下降趋势。就企业办学中的企业拨款而言,2018年其总量和占比分别为23.03亿元和0.06%,相比于2000年,分别降低了112.79亿元和5.24个百分点;就校办产业和社会服务收入用于教育的经费而言,其总量在2006年前相对稳定,自2007年开始出现下降趋势,到2018年,其总量和占比分别为42.08亿元和0.11%,较2000年分别降低了15.03亿元和2.12个百分点。

表2-1 2000—2018年全国财政性教育经费来源情况　　　　单位:亿元

年份	合计	公共预算内教育经费	各级政府征收用于教育的税费	政府性基金预算安排的教育经费	企业办学中的企业拨款	校办产业和社会服务收入用于教育的经费	其他财政性教育经费
2000	2562.61	2085.68	284.00		135.82	57.11	
2001	3057.01	2582.38	281.42		139.49	53.73	
2002	3491.40	3114.24	235.50		88.10	53.56	
2003	3850.62	3453.86	244.45		98.01	54.31	
2004	4465.86	4027.82	291.44		91.72	54.88	
2005	5161.08	4665.69	363.22		77.18	54.99	
2006	6348.36	5795.61	426.80		69.03	56.92	
2007	8280.21	7654.91	543.26		52.03	30.02	
2008	10449.63	9685.56	690.64		49.41	24.01	
2009	12231.09	11419.30	737.38		44.13	30.28	
2010	14670.07	13489.56	930.07		51.91	23.36	175.17
2011	18586.70	16804.56	1575.28		51.25	26.29	129.32

续表

年份	合计	公共预算内教育经费	各级政府征收用于教育的税费	政府性基金预算安排的教育经费	企业办学中的企业拨款	校办产业和社会服务收入用于教育的经费	其他财政性教育经费
2012	23147.57	20816.26	2093.04		48.96	27.82	161.49
2013	24488.22	21818.46	2353.55		48.20	27.88	240.13
2014	25944.99	24344.69		1178.47	37.59	26.83	357.41
2015	29221.45	28610.66		190.23	37.28	34.61	348.67
2016	31396.25	30753.04		189.50	34.41	32.17	387.13
2017	34207.75	33411.60		273.86	30.52	29.97	461.80
2018	36995.77	35929.94		459.00	23.03	42.08	541.72

资料来源：历年《中国教育经费统计年鉴》。

在各省市财政性教育支出的绝对规模方面，本书将对2019年的支出状况进行分析，各省市（西藏和港澳台地区除外）财政性教育支出的具体情况如图2-6所示。由图可知，2019年各省市的支出均值为1127.48亿元，高于均值的省市有12个，其中广东的支出水平最高，为3189.18亿元，也是支出总量唯一高于3000亿元的省份；低于均值的省市有18个，其中宁夏的支出水平最低，为202.46亿元。就各省市的排位分布而言，支出总量排名前五位的省市为广东、江苏、山东、河南和浙江，平均支出总量为2258.31亿元，排名后五位的省市为吉林、天津、海南、青海和宁夏，平均支出总量为369.59亿

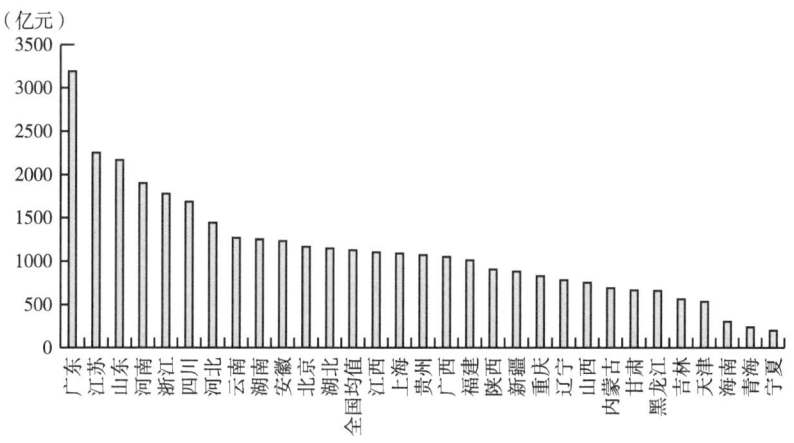

图2-6　2019年各省市财政性教育支出情况

元，排名前五位省市的平均水平是排名后五位省市的6.11倍。由此可见，现阶段支出总量较高省市与支出总量较低省市间的差距较大，总体呈现出两极分化的态势。

（二）财政性教育支出相对规模

在分析财政性教育支出规模时，绝对量指标可以清晰反映出教育财政投入的变化规律与增长速度，而要了解一国教育事业在国民经济与社会发展中的重要程度以及政府对教育领域的投入力度，则需要通过相对量指标进行分析。在相关研究中，通常采用财政性教育支出与国内生产总值、教育经费、财政支出以及人口总量的相对比例来衡量其相对规模，基于此，本书同样采用以上指标对我国财政性教育支出的相对规模进行描述与分析，表2-2报告了历年各项指标相对规模的具体情况。

首先，进入21世纪后，我国经济增长速度较快，国内生产总值大幅增长，2020年的国内生产总值已高达1015986.20亿元，相比于2000年，增长了近9.13倍，与此同时，财政性教育支出占国内生产总值的比重也总体呈现出上升趋势。在经济总量快速增长的前提下，财政性教育支出占国内生产总值的比重依然有所提高，说明我国政府高度重视教育发展，且持续加大教育财政投入的改革成效较为明显。进一步观察可以发现，该占比的变化趋势大致分为两个阶段：第一阶段为波动上升期（2000—2012年），在此期间，除2003—2005年占比略有下降外，其余年份均呈稳步上升趋势，至2012年，该占比已达到4.30%，相比于2000年的2.56%，提高了1.74个百分点。第二阶段为"后4%"时期（2013—2020年），虽然这一时期财政性教育支出占国内生产总值的比重稳定在4%以上，但在2012年完成"占比4%"的目标后，这一比例没有出现继续上升的趋势，除2015年、2016年和2020年的占比稍高外，其余年份均保持在4.00%—4.15%。

其次，在我国教育经费的构成中，财政性教育经费所占的比重最大，历年占比均在60%以上，较为符合我国"以政府投入为主"的教育财政体制。从其变化趋势来看，该占比总体呈现出先降后升的趋势，2000—2005年，非财政性教育支出的增幅总体大于财政教育支出，使得财政性教育支出占教育经费的比重有所降低，由66.58%逐渐下降至61.30%。2006年后，国家对基础与高等教育财政体制进行了一系列改革，强化了各级政府的教育投资责任，相应地，该占比由2006年的64.48%逐步上升至2020年的80.91%，且在2012年后稳定在80%左右。

再次,在财政性教育支出与财政支出的比例关系方面,由于表中所报告的财政支出为一般公共预算支出,因而为保持统计口径一致性与提高数据可比性,这里采用公共预算教育支出占财政支出的比重来衡量二者间的比例关系。根据表2-2可知,公共预算教育支出占财政支出比重的变动幅度较小,在2000—2020年上升了4.33个百分点。相比于其他社会事业性财政投入,2020年国家在科学技术、医疗卫生、文化体育与传媒领域的财政投入分别为9009.26亿元、19201.22亿元和4233.00亿元,占财政支出的比重分别为3.67%、7.82%和1.72%[①],而同期财政支出中教育支出所占的比重为17.46%,远高于其他社会事业性财政投入,体现出了教育事业优先发展的战略地位。

最后,为消除人口因素的影响,选取人均财政性教育支出对教育财政投入规模进行分析,可以看出,近20年来我国人均财政性教育支出的增长幅度较大,从2000年的202.19元逐年增长至2020年的3038.08元,年平均增长14.51%。与此同时,支出总量在2000—2020年增长了15.74倍,年平均增长15.13%,相比之下,虽然人均水平的增长趋势较为明显,但其增幅略小于总量的增幅。

表2-2　　2000—2020年全国财政性教育支出的相对规模

年份	国内生产总值（亿元）	财政性教育支出占国内生产总值的比重（%）	教育经费（亿元）	财政性教育支出占教育经费的比重（%）	财政支出（亿元）	公共预算教育支出占财政支出的比重（%）	人均财政性教育支出（元/人）
2000	100280.10	2.56	3849.08	66.58	15886.50	13.13	202.19
2001	110863.10	2.76	4637.66	65.92	18902.58	13.66	239.53
2002	121717.40	2.87	5480.03	63.71	22053.15	14.12	271.80
2003	137422.00	2.80	6208.27	62.02	24649.95	14.01	297.97
2004	161840.20	2.76	7242.60	61.66	28486.89	14.14	343.56
2005	187318.90	2.76	8418.84	61.30	33930.28	13.75	394.71
2006	219438.50	2.89	9815.31	64.68	40422.73	14.34	482.96

---

① 数据来源:财政部.2020年全国财政收支报告[R/OL].(2021-01-28)[2021-04-08]. http://gks.mof.gov.cn/tongjishuju/202101/t20210128_3650522.htm.

续表

年份	国内生产总值（亿元）	财政性教育支出占国内生产总值的比重（%）	教育经费（亿元）	财政性教育支出占教育经费的比重（%）	财政支出（亿元）	公共预算教育支出占财政支出的比重（%）	人均财政性教育支出（元/人）
2007	270092.30	3.07	12148.07	68.16	49781.35	15.38	626.68
2008	319244.60	3.27	14500.74	72.06	62592.66	15.47	786.86
2009	348517.70	3.51	16502.71	74.12	76299.93	14.97	916.53
2010	412119.30	3.56	19561.85	74.99	89874.16	15.01	1094.04
2011	487940.20	3.81	23869.29	77.87	109247.79	15.38	1379.50
2012	538580.00	4.30	28655.31	80.78	125952.97	16.53	1709.52
2013	592963.20	4.13	30364.72	80.65	140212.10	15.56	1799.65
2014	643563.10	4.03	32806.46	79.09	151785.56	16.04	1896.81
2015	688858.20	4.24	36129.19	80.88	175877.77	16.27	2125.78
2016	746395.10	4.21	38888.39	80.73	187755.21	16.38	2270.63
2017	832035.90	4.11	42562.01	80.37	203085.49	16.45	2460.85
2018	919281.10	4.02	46143.00	80.18	220904.13	16.26	2651.30
2019	986515.20	4.06	50178.12	79.81	238858.37	16.77	2860.37
2020	1015986.20	4.22	53014.00	80.91	245588.03	17.46	3038.08

资料来源：《中国统计年鉴》（2001—2020 年）。

上述内容考察了全国层面财政性教育支出的相对规模，以下部分将对省级层面的相对规模进行分析，表 2-3 报告了 2019 年各省市（西藏和港澳台地区除外）财政性教育支出的相对规模。在财政性教育支出占地区生产总值的比重方面，青海、甘肃、新疆和贵州的占比相对较高，分别达到了 8.20%、7.64%、6.48% 和 6.39%，而在占比排名全国前十的省市中，除云南和广西的地区生产总值高于 2 万亿元外，其他省市的地区生产总值相对较低，其中海南、青海、甘肃和宁夏的生产总值甚至不足 1 万亿元，由此可见，这些省市占比较高主要是因为其经济发展相对滞后，地区生产总值较低。在地区生产总值高于 3 万亿元的省市中，占比高于 4% 的仅有河北；江苏、福建、湖北和浙江的占比相对较低，分别为 2.28%、2.39%、2.53% 和 2.84%。江苏和浙江的占比较低主要是因为其地区生产总值较高，就其财政性教育支出总量而言，

2019年这两个省份的支出总额为2254.21亿元和1776.10亿元,分别列全国第二和第五位;福建和湖北占比较低一方面是由于其生产总值较高,另一方面是因为其支出总量较低,2019年的支出总额分别为1010.54亿元和1147.49亿元。

就财政性教育支出与教育经费的比例关系而言,占比高于85%的省市有北京、内蒙古、黑龙江、甘肃、云南、青海、宁夏和新疆,上述省市大部分处于经济发展水平较低的西部地区,说明在经济欠发达地区,财政投入在筹集教育经费中的主渠道作用更加突出,其他非财政性教育经费的贡献相对较小。反观占比低于80%的省市,绝大部分省市的经济发展状况较好,进一步说明经济发展状况是影响该占比的重要因素,经济发展水平较高,则教育经费中政府投入的比例相对较低,其他非财政性教育经费的占比相对较高。

在财政性教育支出占财政支出的比重方面,与上文一致,同样采用公共预算教育支出占财政支出的比重来衡量二者间的比例关系。观察表中数据可知,在财政支出水平较高的省市中,山东、江苏、广东、河南和浙江的占比均高于15%,四川和上海的占比相对较低,分别为14.21%和10.88%;在财政支出水平较低的省市中,青海和宁夏的占比排名全国末位,但也存在占比较高的省市,如甘肃、山西和重庆的占比分别达到了14.75%、14.20%和14.00%,说明虽然这些省市的财政支出水平较低,但当地政府比较重视教育事业发展,将财政资金更多配置在了教育领域。由此可见,公共预算教育支出占财政支出的比重一方面取决于财政支出水平,另一方面取决于当地政府对教育的重视程度。

在人均财政性教育支出方面,2019年人均支出水平位列全国前五的省市为北京、上海、青海、天津与新疆,位列后五的省市为河北、湖北、河南、湖南和辽宁。与同年财政性教育支出总量的排位分布相比,河南的支出总量排名全国第四位,但其人均水平列倒数第三位;青海和天津的支出总量虽然排名全国末位,但其人均水平分列第三和第四位。这三个省份在支出总量与人均水平方面的表现反差较大。此外,排名前五位省市人均财政性教育支出的平均水平为4222.35元,排名后五位省市的平均水平为1901.35元,与各省市财政性教育支出总量的情况相似,人均水平也存在较为明显的两级差距。

表 2-3　2019 年各省市财政性教育支出的相对规模

省份	地区生产总值（亿元）	财政性教育支出占地区生产总值的比重（%）	教育经费（亿元）	财政性教育支出占教育经费的比重（%）	财政支出（亿元）	公共预算教育支出占财政支出的比重（%）	人均财政性教育支出（元/人）
北京	35445.10	3.29	1352.54	86.22	7408.19	13.78	5324.97
天津	14055.50	3.80	635.17	84.13	3555.71	12.60	3858.12
河北	34978.60	4.12	1738.96	82.97	8309.04	16.30	1937.45
山西	16961.60	4.43	913.42	82.34	4710.76	14.20	2150.73
内蒙古	17212.50	4.00	775.90	88.77	5100.91	11.11	2852.13
辽宁	24855.30	3.14	975.94	80.05	5745.09	11.38	1826.65
吉林	11726.80	4.81	686.65	82.15	3933.42	12.93	2304.13
黑龙江	13544.40	4.88	761.22	86.85	5011.56	11.73	2031.12
上海	37987.60	2.87	1341.28	81.33	8179.28	10.88	4396.65
江苏	98656.80	2.28	2827.64	79.72	12573.55	16.23	2661.72
浙江	62462.00	2.84	2400.90	73.98	10053.03	15.59	2786.04
安徽	36845.50	3.34	1501.18	82.04	7392.22	15.04	2021.54
福建	42326.60	2.39	1254.80	80.53	5077.93	18.19	2442.69
江西	24667.30	4.47	1315.30	83.79	6386.8	16.42	2440.28
山东	70540.50	3.08	2634.93	82.35	10739.76	18.63	2147.11
河南	53717.80	3.54	2429.35	78.30	10163.93	15.95	1921.21
湖北	45429.00	2.53	1457.83	78.71	7970.21	13.19	1936.04
湖南	39894.10	3.14	1630.06	76.80	8034.42	14.66	1885.38
广东	107986.90	2.95	4268.43	74.72	17297.85	16.22	2553.59
广西	21237.10	4.95	1283.56	81.82	5850.96	15.86	2108.21
海南	5330.80	5.74	377.75	80.99	1858.6	13.40	3074.87
重庆	23605.80	3.51	1021.63	81.09	4847.68	14.00	2598.68
四川	46363.80	3.63	2076.80	81.14	10348.17	14.21	2017.79
贵州	16769.30	6.39	1273.28	84.13	5948.74	16.54	2783.89
云南	23223.80	5.47	1454.38	87.28	6770.09	15.80	2692.83
陕西	25793.20	3.51	1137.51	79.65	5718.52	14.96	2297.29
甘肃	8718.30	7.64	740.49	89.97	3951.6	14.75	2655.40
青海	2941.10	8.20	264.03	91.34	1863.67	10.67	4087.46
宁夏	3748.50	5.40	234.50	86.26	1438.29	11.68	2823.71
新疆	13597.10	6.48	952.26	92.57	5315.49	15.34	3444.55

资料来源：《中国统计年鉴》（2020 年）。

二、财政性教育支出结构

(一) 财政性教育支出地区结构

财政性教育支出的地区结构是指教育财政经费分配在不同地区的数量与比例关系。我国幅员辽阔,各地区在地理区位、资源禀赋、产业布局等方面存在差距,加之不同地区对教育的重视程度存在区别,致使教育财政经费在各地区的分配结构表现出较强的异质性。在进行分析之前,首先按照地理区位和经济发展水平相结合的原则,将各省市分为东、中、西三大地区①。

图 2-7 显示了 2000—2019 年各地区财政性教育支出总量的变动趋势。总体来看,样本区间内东部地区的财政性教育支出总量较高,且与中西部地区的差距逐渐扩大,中部与西部地区的数值较为接近,2012 年后西部地区的支出总量略高于中部地区。就各地区财政性教育支出总量的增速而言,三大地区的变动趋势具有一个共同特征,即各地区的增长势头均在 2012 年后有所降低。具体来看,东部地区的支出总量由 2000 年的 1360.12 亿元增长到 2019 年的 15721.26 亿元,年平均增长 13.74%,其中海南、广东和浙江的增长幅度位列前三,但海南的支出绝对额较低,2019 年仅为 305.95 亿元,广东和浙江则在增幅较大的情况下保持着较高的支出水平,2019 年的支出绝对额分别达到了 3189.18 亿元和 1776.10 亿元;中部地区的支出总量由 2000 年的 621.80 亿元增长到 2019 年的 8612.41 亿元,年平均增长 14.84%,其中江西、安徽和河南的增长状况较好,年均增长率分别为 17.84%、16.09% 和 15.91%,吉林和黑龙江则存在增长速度与支出绝对额同低的现象,二者 2019 年的支出总量均不足 1000 亿元;西部地区的支出总量由 2000 年的 572.98 亿元增长到 2019 年的 9490.63 亿元,年平均增长 15.92%,其中贵州的表现较为突出,年均增长率高达 18.72%,其他省市的年均增长率分布在 14.70%—17.63%。从 2019 年各地区财政性教育支出总量占全国财政性教育支出的比重来看(见图 2-8),东部地区所占份额接近一半,中部与西部地区的占比分别为 25.46% 和 28.06%。

---

① 东部地区包括北京、天津、河北、辽宁、上海、江苏、浙江、山东、福建、广东和海南,中部地区包括山西、吉林、黑龙江、安徽、江西、河南、湖南和湖北,西部地区包括内蒙古、四川、贵州、重庆、云南、广西、陕西、甘肃、青海、宁夏和新疆。

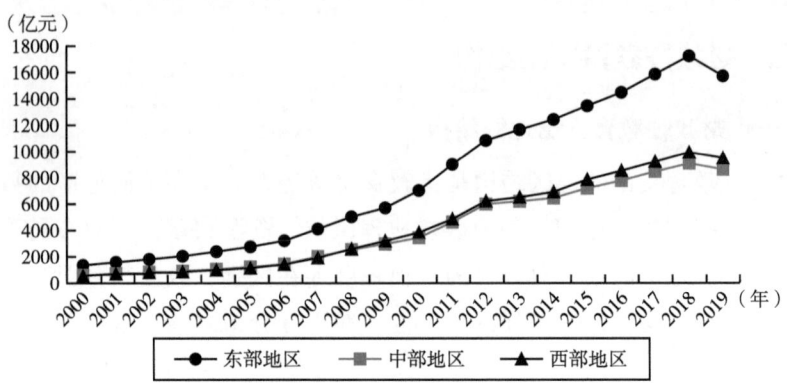

图2-7 2000—2019年各地区财政性教育支出总量的变动趋势

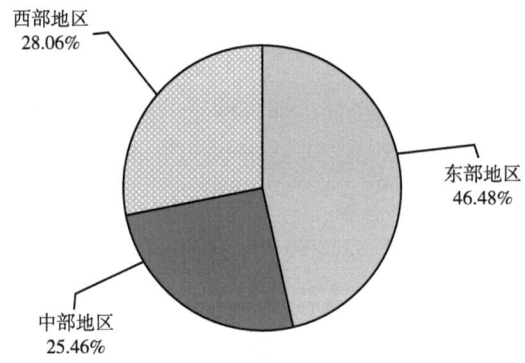

图2-8 2019年各地区财政性教育支出占比情况

由于三大地区所囊括的省市数量不同，在考察财政性教育支出总量时无法排除地区间样本个数差异所造成的影响，因而采用三大地区中各省市财政性教育支出的均值对教育财政经费在地区间的配置结构进行进一步描述。根据图2-9所报告的内容可知，与财政性教育支出总量所呈现出的分布态势不同，三大地区历年财政性教育支出的平均水平呈现出由东至西依次降低的阶梯式分布，可以看出，在排除了省市个数的干扰后，中部与西部地区的表现出现了反转，即中部地区的平均支出水平高于西部地区。与财政性教育支出总量相同的是，东部与中西部地区间平均水平的差距依然表现出逐年扩大的趋势，并且在地区间经济发展水平和财政收入能力存在显著差距的背景下，这种差距可能会持续较长时间。

第二章 财政性教育支出的发展历程与现状分析

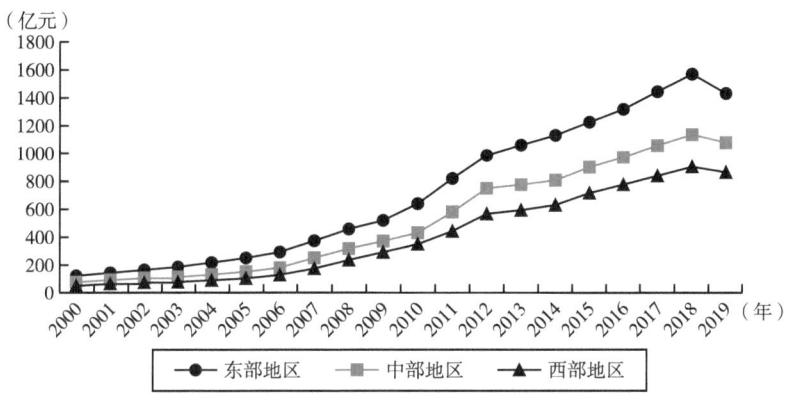

图 2-9 2000—2019 年各地区财政性教育支出均值的变动趋势

在各地区财政性教育支出的相对规模方面，这里采用代表性较强的财政性教育支出占地区生产总值的比重和人均财政性教育支出对其进行分析，两项指标的具体情况如表 2-4 所示。就财政性教育支出占地区生产总值的比重而言，与全国层面占比的变化趋势相同，各地区的占比也呈现出上升趋势，并且均在 2012 年达到峰值。具体来看，东、中、西部地区的占比分别提高了 0.56%、0.93% 和 1.34%，其中西部地区率先于 2007 年实现了"占比4%"的支出目标，中部地区与全国同步，占比于 2012 年超过了 4%，而东部地区目前仍未达到这一目标，2019 年的占比为 2.94%。通过比较发现，不仅西部地区历年的占比高于东中部地区，而且与东中部地区的差距逐渐扩大，2000 年西部与东中部地区的差距分别为 0.95% 和 0.71%，而到 2019 年，该差距扩大为 1.73% 和 1.12%。就人均财政性教育支出而言，东部地区历年的人均支出水平最高，其次为西部和中部地区。在变化趋势方面，三大地区在 2000—2019 年均呈现出上升的趋势，其中西部地区人均支出水平的增长速度较快，由 2000 年的 161.96 元增长到了 2019 年的 2509.62 元，年平均增长 15.52%，高于东部地区的 12.47% 和中部地区的 14.75%。在地区间差距方面，2000 年，中部与西部地区的人均财政性教育支出分别为东部地区的 53.41% 和 57.98%，到 2019 年，中西部地区占东部地区的比重分别为 78.20% 和 96.34%，可以看出，地区间人均财政性教育支出差距正在逐步缩小。

表 2-4　　2000—2019 年各地区财政性教育支出的相对规模

年份	财政性教育支出占地区生产总值的比重（%）			人均财政性教育支出（元/人）		
	东部	中部	西部	东部	中部	西部
2000	2.38	2.62	3.33	279.36	149.20	161.96
2001	2.52	2.86	3.79	324.32	176.96	202.21
2002	2.57	3.00	3.89	367.64	201.32	228.77
2003	2.52	2.84	3.63	411.23	215.89	242.76
2004	2.50	2.75	3.53	474.62	246.99	279.10
2005	2.47	2.75	3.53	542.27	292.00	322.89
2006	2.46	2.81	3.71	623.50	345.91	398.00
2007	2.58	3.17	4.06	783.86	480.94	537.61
2008	2.70	3.33	4.53	946.91	604.14	722.74
2009	2.81	3.56	5.08	1059.41	704.10	889.08
2010	2.96	3.42	5.05	1276.49	815.29	1074.31
2011	3.26	3.81	5.23	1625.17	1092.74	1354.34
2012	3.60	4.43	5.89	1940.68	1408.59	1722.92
2013	3.53	4.17	5.50	2074.24	1452.37	1793.18
2014	3.49	4.00	5.32	2197.86	1504.77	1893.59
2015	3.50	4.23	5.69	2366.97	1671.29	2134.39
2016	3.48	4.24	5.69	2525.74	1796.65	2298.61
2017	3.46	4.15	5.47	2746.93	1946.32	2465.42
2018	3.45	4.03	5.29	2966.80	2081.62	2638.96
2019	2.94	3.55	4.67	2604.97	2037.19	2509.62

资料来源：《中国统计年鉴》（2001—2020 年）、《中国教育经费统计年鉴》（2001—2019 年）。

（二）财政性教育支出的层级结构

教育财政经费在各层级间的配置结构是关系教育经费使用效益和各级教育协调发展的重要因素，国际上通常将其分为学前、初等、中等和高等教育四个阶段，本书也沿用这种划分标准来考察我国财政性教育支出的层级结构。表 2-5 报告了 2000—2018 年的相关数据，通过观察历年的配置状况发现，初等教育和中等教育所占用的财政资金较多，学前教育和高等教育所占用的财政资金较少,总体呈现出"中间高、两头低"的分布态势。从各级教育财政投入的关系来看,财政资金在各教育层级间的配置状况处于不断调整中,且各级教育财政投入差距呈现出逐渐缩小的趋势,具体来看,各级教育财政投入表现出以下特征。

第一,学前教育财政投入的增幅较大、占比较低。2000 年国家财政投入在学前教育阶段的经费总额仅为 30.61 亿元,到 2018 年,这一数额增长到了 1773.94 亿元,在此期间增长了近 57 倍,年均增长率高达 25.30%,在各级教育中的增长幅度最大。但是,相比于其他教育层级,学前教育财政投入所占的比重一直处于较低水平,2000 年,财政性教育支出中学前教育财政支出所占比重仅为 1.19%,低于高等教育的 18.87%,与初等教育的 31.06% 相差更大;2018 年,该比重为 4.79%,虽然较 2000 年提高了 3.6 个百分点,但在各教育层级中,其所占比重仍处于最低水平。

第二,初等与中等教育财政投入的变化趋势分为三个时期:(1) 2000—2005 年,初等教育与中等教育财政投入的增长趋势较为平稳,年均增长率分别为 15.97% 和 19.51%。(2) 2006—2012 年,国家为保障教育公平,推进义务教育均衡发展,逐步完善了农村地区的义务教育经费保障机制,并于当年开始推行全国范围的免费义务教育。在这些改革措施和教育政策的推动下,初等教育和中等教育财政投入实现了较快增长,年均增长率分别达到了 23.24% 和 23.60%。(3) 2013—2018 年初等和中等教育财政投入未能延续上一阶段的增长势头,并且二者增速的下降幅度较大,这一阶段的年均增长率分别为 9.38% 和 8.70%。

第三,高等教育财政投入的变动趋势在 2012 年出现了较大变化,2012 年之前,高等教育财政投入的增速较快,其中 2011 年的增长率高达 38.14%。2012 年之后,其增速下滑的趋势较为明显,2013 年更是出现了负增长的情况,这也使得高等教育成为唯一未能实现逐年增长的教育层级。出现这种情况主要是因为国家于 2010 年对高等教育经费筹集体制进行了改革,强调了非财政渠道对筹集高等教育经费的重要性,而这一改革的效果在 2012 年开始显现。如图 2-4 所示,高等教育非财政投入占高等教育经费的比重于 2012 年终止了逐年下降的趋势,并且在之后几年基本稳定在 37% 左右,从而间接导致 2012 年后高等教育财政投入的增速下滑。

表2-5　　2000—2018年全国各级财政性教育经费支出情况　　单位：亿元

年份	学前	初等	中等	高等	各级比例
2000	30.61	795.93	674.41	483.61	1∶26.00∶22.03∶15.80
2001	36.11	962.13	828.11	585.54	1∶26.64∶22.93∶16.22
2002	41.26	1106.65	975.92	702.41	1∶26.82∶23.65∶17.02
2003	45.94	1210.89	1094.00	782.03	1∶26.36∶23.81∶17.02
2004	53.99	1407.51	1295.45	909.18	1∶26.07∶23.99∶16.84
2005	65.72	1669.51	1644.00	1128.54	1∶25.40∶25.02∶17.17
2006	79.51	1990.42	1961.40	1302.52	1∶25.03∶24.67∶16.38
2007	102.83	2674.26	2536.09	1648.12	1∶26.01∶24.66∶16.03
2008	132.94	3298.41	3214.68	2062.46	1∶24.81∶24.18∶15.51
2009	166.27	3973.03	3834.38	2327.38	1∶23.90∶23.06∶14.00
2010	244.35	4643.00	4477.44	2965.32	1∶19.00∶18.32∶12.14
2011	415.70	5759.98	5711.45	4096.33	1∶13.86∶13.74∶9.85
2012	747.65	6972.38	6993.63	5012.16	1∶9.33∶9.35∶6.70
2013	862.37	7642.20	7388.46	4933.39	1∶8.86∶8.57∶5.72
2014	934.05	8315.65	7760.85	5263.21	1∶8.90∶8.31∶5.63
2015	1132.87	9372.66	8590.21	5929.99	1∶8.27∶7.58∶5.23
2016	1326.07	10317.58	9347.54	6287.85	1∶7.78∶7.05∶4.74
2017	1563.57	11245.66	10303.03	6899.07	1∶7.19∶6.59∶4.41
2018	1773.94	11964.92	11212.59	7545.98	1∶6.74∶6.32∶4.25

注：表中所报告数据的截止期为2018年。
资料来源：历年《中国教育经费统计年鉴》。

上述内容从支出总量的角度分析了财政性教育支出的层级结构，为更为全面地了解财政资金在各教育层级间的配置状况，以下将从生均水平的角度考察财政性教育支出的层级结构，2000—2018年各级生均公共预算教育支出情况如表2-6所示。与各级财政性教育支出总量的分布态势相比，生均水平的配置状况存在两点区别：一是总体分布存在区别。与表2-5中"中间高、两头低"的教育财政经费配置状况不同，在生均水平方面，各级教育总体呈现出了"倒金字塔"的分布态势，即随着教育层级的提高，生均公共预算教育支出逐级增加。需要说明的是，这种分布态势存在明显的阶段性特征：2006年前，由于学前教育的生均财政投入水平高于初等教育，"倒金字塔"

的分布仅存在于初等教育、中等教育和高等教育；2006年后，生均公共预算教育支出随着层级的提高而增加，四级教育整体呈现出"倒金字塔"的分布态势。二是层级间的差距存在区别。在支出总量方面，虽然各级教育间的差距呈逐渐缩小的趋势，但至2018年，各级教育间的差距仍然较大，当年的投入比为1∶6.74∶6.32∶4.25。相比于支出总量的层级差距，生均水平的层级差距较小，2018年各级间的投入比例为1∶1.52∶2.18∶3.08。

在各级生均水平的变化趋势方面，学前教育财政投入总量的增长幅度虽然较大，但其生均水平的增长幅度略低，样本期间内的年均增长率为14.16%，并且分别在2010年和2014年出现了负增长的情况。就初等教育和中等教育而言，得益于国家提高了对义务教育的重视程度，二者在样本期间内实现了逐年增长，其中初等教育在各层级中的增长幅度最大，其生均公共预算教育支出由2000年的499.06元逐步上升至2018年的10717.11元，年平均增长18.58%。就高等教育而言，其在各教育层级中的增长幅度最小，年均增长率仅为6.45%，虽然高等教育的生均财政投入水平增长缓慢，但至2018年，其在各层级中的数值依然最高。另外，高等教育生均水平的变化趋势与支出总量的变化趋势相似，二者的增速均在2012年后有所降低。

表2-6　2000—2018年全国各级生均公共财政预算教育经费支出情况　　单位：元

年份	学前	初等	中等	高等	各级比例
2000	652.01	499.06	812.49	7073.73	1∶0.77∶1.25∶10.85
2001	852.09	657.48	965.39	6640.16	1∶0.77∶1.13∶7.79
2002	960.79	833.34	1134.86	6114.67	1∶0.87∶1.18∶6.36
2003	1127.50	951.75	1234.73	5789.06	1∶0.84∶1.10∶5.13
2004	1319.78	1158.59	1443.44	5570.27	1∶0.88∶1.09∶4.22
2005	1487.62	1360.74	1706.84	5461.65	1∶0.91∶1.15∶3.67
2006	1604.70	1671.03	2093.63	6035.97	1∶1.04∶1.30∶3.76
2007	1771.76	2230.97	2741.84	6963.39	1∶1.26∶1.55∶3.93
2008	2141.79	2787.57	3551.34	8041.58	1∶1.30∶1.66∶3.75
2009	2239.96	3424.65	4347.74	9035.33	1∶1.53∶1.94∶4.03
2010	1875.34	4097.62	5217.79	10144.33	1∶2.19∶2.78∶5.41
2011	2495.99	5061.64	6576.90	14442.20	1∶2.03∶2.63∶5.79

续表

年份	学前	初等	中等	高等	各级比例
2012	3922.45	6279.95	8356.93	17074.81	1:1.60:2.13:4.35
2013	4052.79	7022.84	9258.28	16188.08	1:1.73:2.28:3.99
2014	3941.04	7800.12	10133.60	16719.34	1:1.98:2.57:4.24
2015	4843.43	8928.28	11889.80	18767.44	1:1.84:2.45:3.87
2016	5663.11	9686.16	13264.44	19356.74	1:1.71:2.34:3.42
2017	6482.92	10344.40	14582.70	21044.03	1:1.60:2.25:3.25
2018	7073.37	10717.11	15436.95	21792.44	1:1.52:2.18:3.08

注：表中所报告数据的截止期为2018年。

资料来源：历年《中国教育经费统计年鉴》。

第三节 财政性教育支出存在的问题

随着我国教育财政体制改革的深入推进，教育财政投入大幅增长，教育质量显著提高，为社会进步与经济发展作出了突出贡献。然而，支出规模偏低、地区配置失衡和层级结构不合理仍然是教育财政领域面临的主要问题，本节将针对上述问题进行具体分析与讨论。

一、财政性教育支出规模与国际水平存在差距

在我国，财政性教育支出和公共预算教育支出都是公共教育经费的重要统计口径，但由于相关政策文件通常采用财政性教育支出作为衡量我国教育财政投入规模的主要指标，因此，本书选用财政性教育支出对我国公共财政教育支出的充足性进行考察，图2-10报告了相关指标的变化趋势。由图可知，2010—2017年，低收入国家公共教育支出占GDP比重的均值长期处在4%以下，其中最低值为2016年的3.03%，最高值为2015年的3.63%。中等收入国家公共教育支出占GDP比重的均值处于4.0%—4.7%，其中最高值为2015年的4.70%，最低值为2012年的4.02%。高收入国家公共教育支出占GDP比重的均值长期维持在4.8%以上，峰值为2010年的5.31%，此后几

年略有下降，2017年的占比为4.94%。通过比较不同收入水平国家的占比状况可以发现一个规律，随着国家经济发展水平和收入水平的提高，公共财政教育支出占GDP的比重也会提升。结合我国的现实状况，2010—2017年，国民经济的发展状况较好，经济增长速度较快，GDP由412119.30亿元逐年增长至832035.90亿元。然而，这一时期我国公共财政教育支出占GDP比重的增长趋势并不明显，仅在2010—2012年出现短暂增长，2013年后呈现出波动式下降趋势。根据世界银行2017年的划分标准，人均国民收入低于1045美元为低收入国家，在1046—12735美元为中等收入国家，高于12736美元为高收入国家。2017年我国的人均国民收入为8690美元，属于中等收入国家行列。当年我国公共财政教育支出占GDP的比重为4.15%，低于中等收入国家4.39%的平均水平，与高收入国家4.94%的占比相差更大。

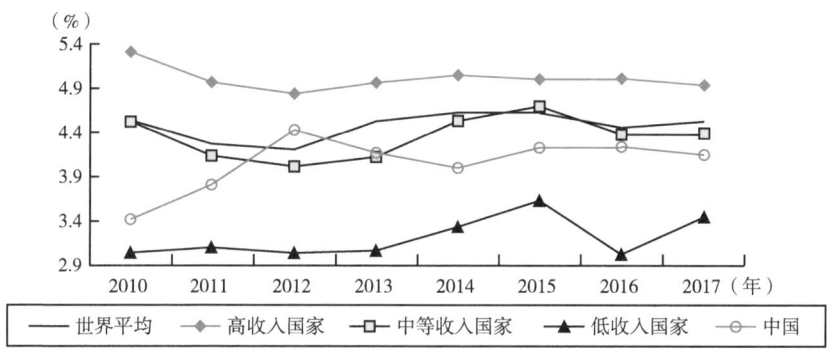

图2-10 不同收入水平公共财政教育支出占GDP比重的变化趋势

表2-7列出了2017年主要国家的公共教育支出状况，其中美国、英国、法国、德国和澳大利亚为收入水平较高的发达国家，墨西哥、阿根廷、巴西和俄罗斯为收入水平与中国相近的发展中国家。从绝对规模看，我国公共财政教育支出的总量并不低，5066.46亿美元的支出总额仅低于美国，高于英国、法国、德国、澳大利亚等发达国家，远高于同等收入水平的墨西哥、阿根廷、巴西和俄罗斯。从公共财政教育支出占GDP的比重看，2017年我国的占比为4.15%。在高收入国家中，法国以5.45%的占比位居首位，德国的占比最低，但其4.91%的占比仍高于我国。在同等收入国家中，墨西哥、阿根廷、巴西和俄罗斯公共财政教育支出占GDP的比重均高于我国，其中巴西的

占比更是高达6.32%。值得注意的是，阿根廷2010年公共财政教育支出占GDP的比重为5.0%，同年人均国民收入为8450美元，按照世界银行当年的划分标准，阿根廷属于中等偏上收入国家。到2017年，其占比上升至5.46%，当年的人均国民收入为13040美元，已经成功跻身高收入国家的行列。从人均公共财政教育支出看，高收入国家的人均支出均高于2000美元，同等收入国家中，墨西哥的人均支出水平最低，但其405.40美元的支出数额仍高于我国的364.47美元。总体而言，与其他国家相比，我国公共财政教育支出的总量并不低，但在相对比例方面，无论是公共教育支出占GDP的比重，还是人均支出水平，同等收入国家和高收入国家的支出规模都高于我国。

表2-7　　2017年主要国家公共财政教育经费投入状况

国家	公共财政教育支出（亿美元）	公共财政教育支出占GDP的比重（%）	人均公共教育支出（美元/人）
美国	8328.21	4.96	2613.82
英国	1466.25	5.44	2220.85
法国	1414.77	5.45	2107.87
德国	1798.12	4.91	2174.40
澳大利亚	681.59	5.12	2770.83
中国	5066.46	4.15	364.47
墨西哥	523.62	4.52	405.40
阿根廷	351.06	5.46	792.97
巴西	1304.24	6.32	623.18
俄罗斯	738.29	4.69	510.94

注：美国的各项数据为2014年数据。

资料来源：联合国教科文组织数据库［DB/OL］.［2021-03-17］. http://www.unesco.org/new/zh/unesco/resources/publications/unesdoc-databas，世界银行数据库［DB/OL］.［2021-03-17］. https://databank.worldbank.org/home.aspx。

二、财政性教育支出地区结构失衡

通过上文对财政性教育支出地区结构的描述与分析可知，东部地区在支出总量和平均水平方面均处于领先地位。因此，这里将东部地区的各项数据标准化为1，通过三大地区间的比例关系来考察财政性教育支出的地区结构失衡问题，具体情况如表2-8所示。在财政性教育支出总量方面，2007年之前，东部与中西部地区间的差距悬殊，中西部地区的支出总量均不及东部地区的一半；2008年开始，中西部地区的支出总量有所提升，至2018年，三大地区间的支出比例为1∶0.53∶0.58，东部与中西部地区间的差距仍然较大，同年东部与中西部地区间的绝对差额分别为8166.42亿元和7314.16亿元。在人均财政性教育支出方面，2000年东、中、西部间的支出比例为1∶0.53∶0.58，东部地区的人均支出水平显著高于中西部地区。2007年后，东部与中西部地区间差距缩小的趋势较为明显，尤其是西部地区的提升速度较快，到2018年，三大地区间的支出比例为1∶0.70∶0.89，同年东部与中西部地区间的绝对差额分别为885.18元和327.85元。此外，历年中部地区的人均支出水平均低于东部与西部地区，"中部凹陷"的现象较为明显。总体来看，在2000—2018年，三大地区教育财政投入的非均衡现象有所缓解，但地区间仍然存在一定差距，尤其是在支出总量方面，东部地区的支出水平显著高于中西部地区，财政性教育支出地区结构失衡的问题依然存在。

表2-8　　　　　三大地区财政性教育支出的比例关系

年份	财政性教育支出总量	人均财政性教育支出	年份	财政性教育支出总量	人均财政性教育支出
2000	1∶0.46∶0.42	1∶0.53∶0.58	2010	1∶0.49∶0.55	1∶0.64∶0.84
2001	1∶0.47∶0.45	1∶0.55∶0.62	2011	1∶0.51∶0.54	1∶0.67∶0.83
2002	1∶0.47∶0.45	1∶0.55∶0.62	2012	1∶0.55∶0.57	1∶0.73∶0.89
2003	1∶0.44∶0.42	1∶0.52∶0.59	2013	1∶0.53∶0.56	1∶0.70∶0.86
2004	1∶0.44∶0.42	1∶0.52∶0.59	2014	1∶0.52∶0.57	1∶0.68∶0.86
2005	1∶0.44∶0.42	1∶0.54∶0.60	2015	1∶0.53∶0.58	1∶0.71∶0.90
2006	1∶0.45∶0.44	1∶0.55∶0.64	2016	1∶0.54∶0.59	1∶0.71∶0.91
2007	1∶0.49∶0.47	1∶0.61∶0.69	2017	1∶0.53∶0.58	1∶0.71∶0.90
2008	1∶0.50∶0.52	1∶0.64∶0.76	2018	1∶0.53∶0.58	1∶0.70∶0.89
2009	1∶0.52∶0.56	1∶0.66∶0.84			

注：①表中各项数据根据历年《中国统计年鉴》和《中国教育经费统计年鉴》测算得出；②比例关系中由左至右依次为东部、中部、西部。

三、财政性教育支出层级结构不合理

财政性教育支出层级结构是财政资金分配在各教育层级的数量和比例关系,财政资金在各教育层级间的合理配置对提高教育经费使用效益和推动教育事业高质量发展具有重要意义。从我国各级在校生人数与各阶段教育财政投入数量的对比关系看,2000年,在各级教育中,高等教育在校生人数占比最小,为2.28%,但高等教育财政经费占总经费的比重为18.87%,学前教育和初等教育在校生人数占比分别为9.22%和53.46%,而投入在这两个阶段的财政资金占总经费的比重仅为1.19%和31.06%。可以看出,在校生人数占比较低的高等教育所占用的财政资金较多,而学前教育和初等教育的财政投入占比远低于在校生人数占比,各教育层级间财政投入比例失衡的情况较为严重。在此之后,国家为推动各级教育均衡发展,逐渐提高了对基础教育的重视程度,如2006年开始实施全国范围的免费义务教育,2015年为城乡中小学生统一提供"两免一补"政策等。经过国家教育政策的不断调整,基础教育阶段的财政投入水平有所提升。到2018年,学前教育、初等教育、中等教育和高等教育阶段的财政投入占比分别为4.79%、32.34%、30.31%和20.40%,同期各级在校生人数占比由低至高依次为17.59%、39.05%、26.54%和10.69%[①],相比于2000年,学前教育与初等教育阶段财政投入占比与在校生人数占比间的差距有所减小,但就高等教育而言,其财政投入占比仍远大于在校生人数占比。由此可见,虽然近年来我国各教育层级间财政投入比例失衡的问题有所缓解,但高等教育财政投入规模仍然偏高。另外,也有相关研究着重探讨了我国财政性教育支出层级结构的合理性,如白彦锋(2013)以《国家中长期教育发展规划纲要(2010—2020)》中2020年的教育目标为依据,对我国各级教育财政经费的合理比例进行了综合测算,结论认为初等教育、中等教育和高等教育财政投入的合理比例为4.5∶4∶1.5。就现实情况而言,2018年我国初等教育、中等教育、高等教育的财政投入比例为3.9∶3.6∶2.5。相比之下,初等教育和中等教育的实际占比低于合理比例,而高等

---

① 由于本书在研究教育财政投入的层级结构时,未涉及特殊教育、成人教育和中等职业教育,因而各阶段教育财政投入占比之和与各阶段在校生人数占比之和小于1。

教育的实际占比高于合理比例，进一步说明目前我国教育财政投入层级结构的合理性不足，初等教育和中等教育所占比重偏低，而高等教育所占比重偏高。

一国经济发展状况是影响教育经费配置结构的重要因素，通常情况下，随着社会分工不断细化和产业结构逐步升级，财政资金的投入重心会逐渐由基础教育向高等教育过渡，也可以说，在经济发展水平较低的国家，农业和劳动密集型工业在国民经济中的比重较高，国家财政应重点支持基础教育发展；在经济发展水平较高的国家，经济增长更多依靠科技创新和高层次人才，因而政府需采取适当向高等教育倾斜的教育财政投入政策。我国财政资金在各教育层级间的配置结构是否与所处的经济发展阶段相适应，可以通过横向的国际比较加以考察，表2-9报告了2017年主要国家各级公共财政教育支出情况。在进行具体分析前，有两点需要说明：一是为了消除不同国家各教育阶段在校生人数差异所造成的影响，更加真实地反映各国公共财政教育支出的层级结构，这里采用生均数据进行比较分析；二是由于各国学前教育数据缺失较为严重，这里主要对初等教育、中等教育和高等教育三个阶段的生均公共财政教育经费的配置状况进行考察。

从各级生均公共财政教育支出的绝对数值看，2017年我国初等教育和中等教育阶段的生均支出分别为1532.10美元和2159.82美元，支出水平仅相当于美国的1/7和1/6；在与我国人均国民收入水平相近的国家中，墨西哥初等与中等教育的生均支出水平最低，但其支出数额仍高于我国。2017年我国高等教育阶段的生均支出为3116.80美元，同期法国、德国、英国和美国等国家的支出水平均高于1万美元，阿根廷、巴西和墨西哥等国家的支出水平也高于我国。可以看出，现阶段同等收入与高收入国家的各级教育财政投入水平均高于我国。从各级生均公共财政教育支出的比例关系看，2017年我国三级教育的支出比例为1:1.41:2.03，其中高等教育的生均支出水平较高，分别为初等和中等教育的2.03倍和1.44倍。在高收入国家中，法国、德国和英国高等教育的生均支出水平较高，美国和日本的三级比例较为均衡，韩国高等教育的生均支出水平甚至远低于初等教育和中等教育。在同等收入国家中，巴西和墨西哥随着教育层级提升，生均支出水平也不断提高，而阿根廷中等教育的生均支出水平最高，其次为高等教育和初等教育。进一步分析发现，相比于其他国家，我国高等教育与前两级教育的生均支出差距较大，偏向于高等教育的财政投入结构比较明显，与当前所处的经济发展阶段不相适应。

表 2-9　2017 年主要国家各级生均公共财政教育经费支出情况　　单位：美元

国家	初等	中等	高等	各级比例
法国	7987.69	11893.75	13878.02	1∶1.49∶1.74
德国	9330.79	12593.13	17670.56	1∶1.35∶1.89
英国	10317.82	9435.90	17068.20	1∶0.91∶1.65
美国	11687.63	13386.13	13713.04	1∶1.15∶1.17
日本	8711.99	9664.17	8283.40	1∶1.11∶0.95
韩国	10462.25	11329.34	5644.44	1∶1.08∶0.54
中国	1532.10	2159.82	3116.80	1∶1.41∶2.03
阿根廷	3529.08	4973.95	3985.08	1∶1.41∶1.13
巴西	2955.49	3243.01	5353.24	1∶1.10∶1.81
墨西哥	2602.17	2681.87	5021.74	1∶1.03∶1.93

资料来源：联合国教科文组织数据库［DB/OL］.［2021-03-17］. http：//www.unesco.org/new/zh/unesco/resources/publications/unesdoc-databas，世界银行数据库［DB/OL］.［2021-03-17］. https：//databank.worldbank.org/home.aspx。

本章小结

首先，对中国改革开放至今教育财政体制的演进历程进行了梳理，并根据各时期教育财政体制改革的不同特征，将其分为三个阶段。第一阶段为中央与地方分权的教育财政体制建立（1980—1992 年），这一阶段我国建立了"地方负责、分级管理"的基础教育财政体制，并初步形成了"分级管理、成本分担"的高等教育财政体制。第二阶段为 1993—2005 年，在此期间国家为保障基础教育健康发展，建立了"地方负责、以县为主"的义务教育财政管理体制，同时为拓宽教育经费来源渠道、加大教育经费投入力度，逐步建立健全了"以财政投入为主、多元筹资渠道为辅"的教育经费筹资体制。第三阶段为公共教育财政体制的建立与完善（2006 年至今），这一时期在"公平优先、兼顾效率"原则的指引下，我国进一步完善了义务教育财政体制，实现了全国范围的免费义务教育。与此同时，国家还对高等教育学生奖助体系和经费筹集体制进行了改革与完善，在一定程度上解决了经济困难学生的就学问题，并建立了"以举办者投入为主、高等院校多渠道筹集资金、受教育者合理分担成本"的高等教育经费筹集体制。

其次,对我国财政性教育支出的基本现状进行了描述与分析。在财政性教育支出规模方面,利用绝对量指标对教育财政投入规模的发展变化趋势、增长速度以及经费来源结构进行了具体分析,并利用各项比重考察了教育财政投入的相对规模。在财政性教育支出结构方面,将全国分为东、中、西三大地区,描述了各地区教育财政经费的变化趋势与分布态势,进一步从总量和生均两个角度分析了财政资金在各教育层级间的配置状况。

最后,分析与讨论了我国现阶段财政性教育支出存在的一些问题。在规模方面,我国教育财政投入总量并不低,但公共财政教育支出占GDP的比重与人均公共教育支出均低于同等收入国家的支出水平,与高收入国家的差距更大,财政性教育支出规模仍需进一步扩大。在财政性教育支出地区结构方面,无论是支出总量,还是人均支出水平,东部地区均处于领先地位,地区间教育财政经费非均衡配置的现象依然存在。在财政性教育支出层级结构方面,相比于其他国家,我国各教育阶段的经费投入水平较低,且偏向于高等教育的财政投入结构比较明显。

第三章

经济增长质量的测度与现状分析

第一节 经济增长质量的指标体系构建

一、指标体系构建

经济增长质量是对经济系统、社会系统和生态环境系统的综合考量，因而在测算经济增长质量时，需要构建多层次、多维度的指标评价体系。以往研究在测算经济增长质量时，主要从结构、效率、稳定性、福利分配、生态环境和国民素质等方面构建指标评价体系。本书在考虑数据可得性、研究相关性以及上文对经济增长质量具体内涵界定的基础上，从三个层次、四个维度构建衡量经济增长质量的指标体系，具体内容如表3-1所示。

经济增长的结构维度包括产业结构和城乡二元结构。产业结构的优化与升级主要体现在两个方面：一是低次产业占比逐渐下降，高次产业占比逐渐上升；二是各级产业内部的生产效率提升，因而采用产业结构高级化指数和各级产业的比较劳动生产率来衡量产业结构。城乡二元结构的常见衡量指标有城镇化率、工业化率、二元对比系数和二元反差系数等，其中二元对比系数和二元反差系数可以分别从生产效率和产值总量的角度刻画城乡经济发展差距，并且被诸多学者采用（魏敏和李书昊，2018；李梦欣和任欣怡，2020），因而选取这两项指标来衡量城乡二元结构。经济增长效率是生产要素转化为产品或劳务的有效程度。短期内，产出效率主要取决于劳动生产率，而在长期内，技术进步是促进效率提高的决定性因素，本书参考魏婕（2012）的指标选取思路，选择全要素生产率增长、技术进步率、技术效率变化率和劳动生产率作为衡量经济增长效率的基础指标。经济增长的福利变化主要是指居民财富增加和生活质量提升,具体而言,国民收入水平提高、收入分配差距缩小与公共服务供给水平提升是直接增进全体公民福利水平的有效途径。此外,在本书的研究框架内,公共服务主要是指教育领域内的公共服务。综上所述,这里选取人均GDP和城乡居民的收入比值作为衡量收入水平的基础指标。在公共教育服务方面,各教育阶段学校数与在校生人数的比值是衡量生均教育资源占有量的主要指标,也是体现政府教育服务供给水平的主要变量,因而将其作为衡量公共教育服务的基础指标。经济增长的资源环境代价维度包括资源消耗和环境污染,单位地区生产总值能耗能够衡量社会生产过程中自然资源的总体消耗程度,可以较好地代理资源消耗。就环境污染而言,废气、废水和固体废弃物是造成环境恶化的三大污染源,从这三个方面出发可以较为全面地考量环境污染程度(任保平,2018)。基于此,本书选用单位地区生产总值废气排放量、单位地区生产总值废水排放量和单位地区生产总值废弃物排放量作为衡量环境污染的基础指标。

表3-1 经济增长质量指标体系

方面维度	分项要素	基础指标	计量单位	指标属性
经济增长质量	产业结构	产业结构高级化指数		正指标
		第一产业比较劳动生产率		正指标
		第二产业比较劳动生产率		正指标
		第三产业比较劳动生产率		正指标
	城乡二元结构	二元对比系数		正指标
		二元反差系数		逆指标
经济增长的效率	技术进步	全要素生产率增长率		正指标
		技术进步率		正指标
		技术效率变化率		正指标
	产出效率	劳动生产率		正指标
经济增长的福利变化	收入水平	人均GDP	元/人	正指标
		农村人均纯收入/城镇人均可支配收入	%	正指标
	公共教育服务	高等学校数/高等学校在校生人数	%	正指标
		中学校数/中学在校生人数	%	正指标
		小学校数/小学在校生人数	%	正指标
		幼儿园数/幼儿园在园人数	%	正指标

续表

方面维度	分项要素	基础指标	计量单位	指标属性
经济增长质量	经济增长的资源环境代价	资源消耗	单位地区生产总值能耗	倍数	逆指标
		环境污染	单位地区生产总值废气排放量	倍数	逆指标
			单位地区生产总值废水排放量	倍数	逆指标
			单位地区生产总值废弃物排放量	倍数	逆指标

二、基础指标测算方法

（一）产业结构高级化指数

在测算产业结构高级化指数时，借鉴付凌晖（2010）的方法[①]，首先，构建一个三维向量 $A_0 = (a_{1,0}, a_{2,0}, a_{3,0})$，其中 $a_{1,0}$、$a_{2,0}$、$a_{3,0}$ 分别为第一、第二、第三产业增加值占国内生产总值的比重；其次，利用公式（3-1）分别计算向量 A_0 与向量 $A_1 = (1,0,0)$、$A_2 = (0,1,0)$、$A_3 = (0,0,1)$ 的夹角 γ_1、γ_2、γ_3；最后，利用公式（3-2）计算出产业结构高级化指数 C，该值越大，说明产业结构高级化程度越高。

$$\gamma_j = \arccos\left\{\frac{\sum_{i=1}^{3}(a_{i,j} \cdot a_{i,0})}{\left[\sum_{i=1}^{3}(a_{i,j}^2)^{1/2} \cdot \sum_{i=1}^{3}(a_{i,0}^2)^{1/2}\right]}\right\} \quad j=1,2,3 \quad (3-1)$$

$$C = \sum_{k=1}^{3}\sum_{j=1}^{k}\gamma_j \quad (3-2)$$

图 3-1 报告了 2017 年各省市（西藏和港澳台地区除外）产业结构高级化指数的测算结果，其中各省市产业结构高级化指数的测算值分布在 6.44—7.61，排名前五位的省市为北京、上海、天津、浙江和广东，其产业结构高级化指数的均值为 7.25，排名后五位的省市为安徽、云南、新疆、贵州和广西，其产业结构高级化指数的均值为 6.52，其余省市产业结构高级化指数的差距较小，其测算值分布在 6.61—6.93。整体来看，2017 年全国各省市产业结构高级化指数的平均值为 6.79，高于全国平均水平的省市有 11 个，其中除山西、重庆和甘肃外，其余省市均来源于东部地区；低于全国平均水平的

---

① 付凌晖. 我国产业结构高级化与经济增长关系的实证研究 [J]. 统计研究, 2010 (8): 79-81.

省市有 19 个,其中除福建、海南和河北外,其余省市均来源于中西部地区。此分布态势与我国区域经济发展状况基本一致,即相比于东部地区,中西部地区的产业结构高级化程度较低。

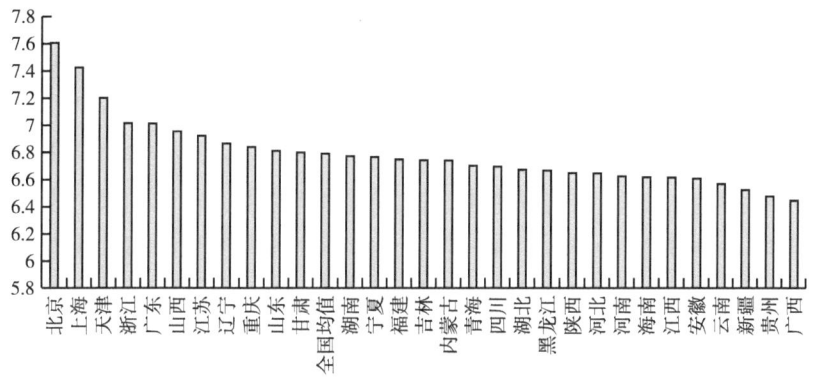

图 3-1 2017 年各省市产业结构高级化指数测算结果

为进一步描述产业结构高级化指数的变动趋势,图 3-2 绘制了 2000—2017 年全国与三大地区产业结构高级化指数的测算结果,可以看出我国近年来产业结构纵向升级的趋势较为明显,其中全国各省市产业结构高级化指数的均值由 2000 年的 6.33 上升至 2017 年的 6.79。在三大地区中,东部地区各省市产业结构高级化指数的均值由 2000 年的 6.54 上升至 2017 年的 6.99,中部地区由 2000 年的 6.22 上升至 2017 年的 6.71,西部地区由 2000 年的 6.22 上升至 2017 年的 6.66。通过比较发现,东部地区凭借工业化进程较快、第三产业相对发达的优势,其历年的指数均值明显高于中西部地区。

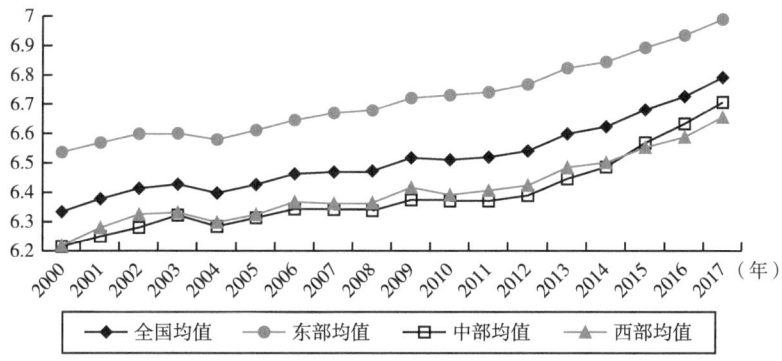

图 3-2 2000—2017 年全国与三大地区产业结构高级化指数变动趋势

(二) 全要素生产率

全要素生产率的测算方法有两类：第一类是参数法，包括索洛余值法、随机前沿生产函数法、增长核算法等；第二类是非参数法，包括指数法、DEA – Malmquist 指数法等。参数测算法在应用过程中需要满足较强的假设条件和设定具体的生产函数形式，未完全满足假设条件或生产函数设定不当都会对测算结果造成影响，而非参数测算法较好地克服了参数测算法的局限性，能够在不依赖假设条件和生产函数的前提下测算全要素生产率，并且 DEA – Malmquist 指数法还适用于数据价格信息不充分的情形。综上所述，本书采用 DEA – Malmquist 指数法进行测算，其中投入指标为资本存量和就业人数，产出指标为实际 GDP，资本存量参考张军等（2004）的研究成果[①]，技术进步率和技术效率变化率则由全要素生产率增长率分解得到。

图 3 – 3 显示了 2017 年各省市（西藏和港澳台地区除外）全要素生产率及其增长率的测算结果。在全要素生产率方面，各省市的测算值分布在 0.77—2.32，排名前五的省市为天津、上海、江苏、北京和浙江，其全要素生产率的均值为 2.00，排名后五位的省市为山西、宁夏、云南、河南和广西，其全要素生产率的均值为 0.84，排名前五位省市全要素生产率的均值是排名后五位省市的 2.38 倍，说明我国地区间全要素生产率两极分化的现象比较严重，且经济发达地区的得分普遍高于经济欠发达地区。在全要素生产率增长率方面，各省市的测算值分布在 0.94—1.08，测算值高于 1 的省市有内蒙古、山西、天津、辽宁、广西、上海、北京和山东，其中天津、上海、北京和山东在全要素生产率位居全国前列的情况下，依然保持着较高的增长水平，山西和广西则因为全要素生产率的基数较小，表现出较高的增长水平；测算值分布在 0.99—1 的省市有浙江、吉林、湖南、河北、甘肃、黑龙江、河南、四川、江西和江苏，其中吉林、河南和江西的全要素生产率虽然较低，但其增长率却位列全国中游，未来全要素生产率的增长空间可能较大；测算值低于 0.99 的省市有重庆、安徽、陕西、湖北、海南、福建、广东、云南、宁夏、贵州、青海和新疆，其中广东和福建的增长率虽然较低，但其全要素生产率较高，2017 年分别列全国第八和第十位，其余省市则存在全要素生产

---

① 张军，吴桂英，张吉鹏. 中国省际物质资本存量估算：1952—2000 [J]. 经济研究，2004 (10)：35 – 44.

率及其增长率同低的现象。

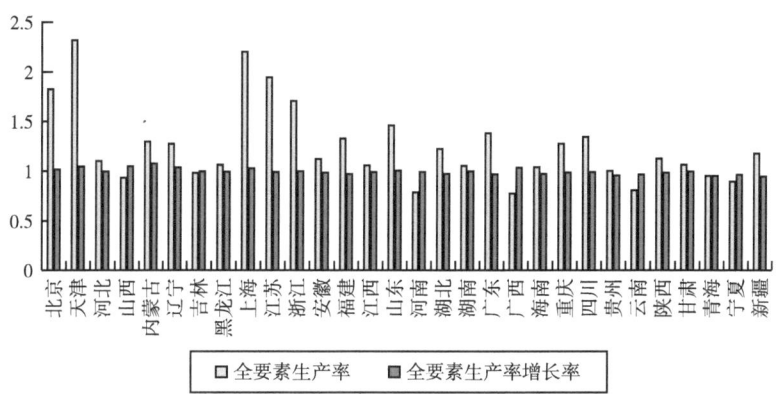

图3-3 2017年各省市全要素生产率及其增长率测算结果

图3-4为2001—2017年全国与三大地区全要素生产率增长率的变动趋势，可以看出随着各省市全要素生产率的逐步提高，全国与三大地区全要素生产率增长率的均值有所降低，其中全国各省市全要素生产率增长率的均值由2001年的1.062下降至2017年的0.995，东部各省市的均值由2001年的1.086下降至2017年的1.002，中部各省市的均值由2001年的1.075下降至2017年的0.997，西部各省市的均值由2001年的1.072下降至2017年的0.987。进一步观察发现，2014年后各地区全要素生产率增长率的下降趋势有所改变，中部与西部地区出现了小幅增长，并且逐步缩小了与东部地区间的差距，未来随着国家区域协调发展战略的持续推进，三大地区间全要素生产率的差距可能会进一步减小。

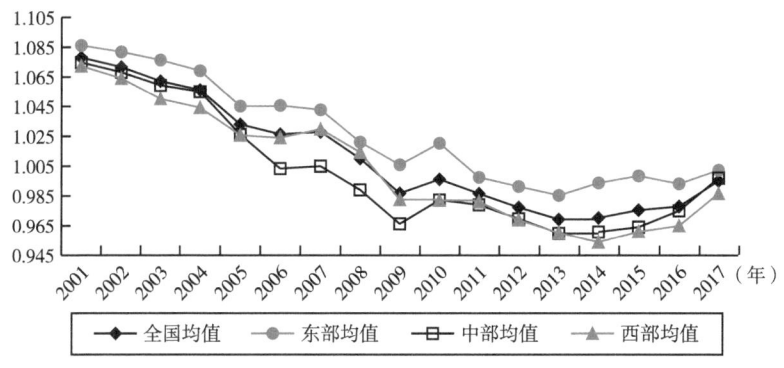

图3-4 2001—2017年全国与三大地区全要素生产率增长率变动趋势

(三) 其他基础指标

$$\text{第一、第二、第三产业比较劳动生产率} = \frac{\text{第一、第二、第三产业增加值/地区生产总值}}{\text{第一、第二、第三产业就业人数/总劳动力人数}}$$

二元对比系数 = 农业比较劳动生产率/非农业比较劳动生产率

二元反差系数 = |非农业产值占比 - 非农业就业占比|

劳动生产率 = 地区生产总值/劳动力人数

单位地区生产总值能耗 = 能源消费总量/地区生产总值

单位地区生产总值废气排放量 = 二氧化硫排放量/地区生产总值

单位地区生产总值废水排放量 = 废水排放总量/地区生产总值

单位地区生产总值废弃物排放量 = 一般工业废弃物产生量/地区生产总值

第二节 赋权方法、指标处理与数据说明

一、赋权方法选择

经济增长质量指标体系包含多个维度和多项指标，不同维度或不同指标对总指数的贡献存在差异，因而在测算过程中需要对各项指标进行赋权。已有文献主要采用等值赋权法、专家评判法、层级分析法、熵值法、因子分析法、主成分分析法等方法合成经济增长质量指数。等值赋权法、专家评判法和层次分析法属于主观赋权法，其中等值赋权法采用简单的算术平均进行赋权，忽略了各项指标对经济增长质量的贡献差异；专家评判法和层级分析法虽然可以较为充分地反映各指标的定性与定量信息，但赋权过程具有较强的主观性和随意性，从而会影响测算结果的可信度和一致性。在客观赋权法中，熵值法是通过指标离散程度来判定权重，离散程度越大，对总指数的贡献越大，但该方法不能较好地体现出相关指标间的关系（任保平等，2018）[①]。因子分析法和主成分分析法都是采用降维的方法将多个指标简化为少数几个综合指标的赋权方法，可以客观和充分地反映出原始指标的主要信息，也适用

---

① 任保平, 魏婕, 郭晗. 中国经济增长质量发展报告 [M]. 北京: 中国经济出版社, 2018.

于指标数量较多的情形。二者的不同在于,因子分析法是通过构建因子模型,将原始指标表示为新因子的线性组合,因而无法体现出经济增长质量各方面维度的变化情况;主成分分析法是通过坐标变换提取主成分,将主成分表示为原始指标的线性组合,可以有效体现出各方面维度对经济增长质量的贡献程度(钞小静和任保平,2011)[①]。除此之外,在计算过程较为复杂与基础指标较多的情况下,主成分分析法能够在简化计算过程的同时保持较高的测算准确性,因而这种方法也被大多数学者采用(毛建华,2007)[②]。基于上述分析,本书将采用主成分分析法进行赋权。

二、指标处理与数据说明

由于各基础指标的数量级存在较大差异,如果直接对原始数值进行赋权可能会高估具有较大量级指标的重要程度,从而影响测算结果的客观性与准确性。因此,在测算经济增长质量指数前,需要对数据进行标准化处理,以避免数据量级差距对测算结果造成的干扰。另外,在表2-1中可以看到,各项基础指标的属性分为正指标和逆指标,这两种指标对经济增长质量存在完全相反的作用力,若将二者直接加总则不能客观反映出不同作用力的综合结果,因而需要对逆指标进行正向化处理。具体而言,本书借鉴钞小静(2011)和任保平(2018)的处理方法,对所有逆指标均采取倒数形式,以统一各项指标对经济增长质量的作用方向,例如单位地区生产总值能耗越小,其倒数值越大,对经济增长质量的贡献越大;反之,单位地区生产总值能耗越大,其倒数值越小,对经济增长质量的贡献越小。经过上述处理后,对各层面指标进行赋权,具体结果如表3-2所示。可以看出,福利变化和资源环境代价维度的权重较高,分别为0.4899和0.4756,说明在样本区间内经济增长质量的变化较多地体现在福利变化和资源环境方面。结构维度的权重较小,为0.1230,说明样本区间内经济增长质量的变化较少地体现在结构方面。效率维度的权重为负,这是因为其主成分系数为负,而权重是通过主成

[①] 钞小静,任保平. 中国经济增长质量的时序变化与地区差异分析 [J]. 经济研究, 2011 (4): 26 - 40.

[②] 毛建华. 指标赋权方法比较 [J]. 广西大学学报(哲学社会科学版), 2007 (4): 135 - 136.

分系数与特征根的比值计算得出的。

表3-2　　　　　基础指标与方面维度的权重

基础指标	相应权重	基础指标	相应权重
产业结构高级化指数	-0.3418	农村人均纯收入/城镇人均可支配收入	0.3602
第一产业比较劳动生产率	0.4407	人均GDP	0.2447
第二产业比较劳动生产率	0.0393	高等学校数/高等学校在校生人数	-0.1977
第三产业比较劳动生产率	-0.0438	中学校数/中学在校生人数	0.0535
二元对比系数	0.3807	小学校数/小学在校生人数	-0.1518
二元反差系数	-0.2238	幼儿园园数/幼儿园在园人数	0.3504
全要素生产率增长率	0.5015	单位地区生产总值能耗	0.4059
技术进步率	0.4159	单位地区生产总值废气排放量	0.3494
技术效率变化率	0.2971	单位地区生产总值废水排放量	0.5068
劳动生产率	0.1027	单位地区生产总值废弃物排放量	0.3416
方面维度	相应权重	方面维度	相应权重
经济增长的结构	0.1230	经济增长的效率	-0.2337
经济增长的福利变化	0.4899	经济增长的资源环境代价	0.4756

资料来源：本书测算得出。

在数据说明方面，本书将测算2000—2017年中国各省级行政单位（西藏和港澳台地区除外）的经济增长质量[①]，各项数据均以2000年为基期进行了价格调整，其中就业人数数据来源于《中国人口和就业统计年鉴》，各级学校数和在校生人数数据来源于《中国教育统计年鉴》，地区能源消费总量数据来源于《中国能源统计年鉴》，二氧化硫排放量、废水排放总量和一般工业废弃物产生量数据来源于《中国环境年鉴》和《中国环境统计年鉴》，其余数据均来源于《中国统计年鉴》。

[①] 由于2018年的能源消费总量、二氧化硫排放量、废水排放总量和一般工业废弃物产生量数据尚未公布，因而经济增长质量指数的测算截止期为2017年；剔除西藏的原因在于区域发展特点和数据可得性较低，剔除港澳台的原因在于经济制度的特殊性和统计口径的差异性，从而提高样本中各项指标的可比性。

第三节 经济增长质量的测算结果

一、经济增长质量的测算结果

根据表3-2的指标赋权结果,本书测算了2000—2017年中国各省市的经济增长质量指数,由于篇幅所限,表3-3仅报告了代表性年份总指数的测算结果。总体来看,在2000—2017年,各省市的经济增长质量均得到了一定程度的提升,其中提升幅度较大的省市为天津、上海和北京,总指数在样本区间内分别提升了4.7804、4.2707和3.7725;提升幅度较小的省市为山西、山东和江苏,总指数在样本区间内分别提升了0.5911、0.6021和1.0332。从各年的测算结果看,2000年各省市经济增长质量总指数的均值为-0.5162,其中指数为正的省市有7个,分别为北京、上海、江苏、浙江、福建、山东和广东;指数分布在-0.5—0的省市有5个,分别为辽宁、吉林、黑龙江、江西和湖南;指数分布在-1—-0.5的省市有10个,分别为河北、山西、内蒙古、河南、湖北、海南、四川、重庆、陕西和新疆;指数低于-1的省市有8个,分别为天津、广西、安徽、甘肃、贵州、云南、宁夏和青海。2005年各省市经济增长质量总指数的均值为-0.4985,相比于2000年略有提升,其中指数为正的省市有7个,指数分布在-0.5—0的省市有6个,指数分布在-1—-0.5的省市有11个,指数低于-1的省市有6个,与2000年相比,分布情况的变动较小。2010年各省市经济增长质量总指数的均值为0.0703,其中天津、北京和黑龙江的总指数位列全国前三,其值分别为1.6134、1.4259和0.7834,青海、贵州和宁夏的总指数位列全国末位,其值分别为-0.7933、-0.8246和-1.0331。在指数分布方面,2010年与2005年相比变动较大,总指数为正的省市由7个上升至13个,总指数在-0.5—0的省市由6个上升至13个,总指数低于-0.5的省市由17个下降至4个,并且仅宁夏的总指数低于-1。可以看出,这5年各省市经济增长质量的总体水平有较大幅度的提升,总指数低于-0.5的省市个数明显减少。到2017年,各省市经济增长质量总指数的均值上升至1.2366,相比于2010年,增长幅度较大,并且所有省市的总指数均为正,其中上海、北京、天津、广东和浙江的总指数较高,其值分别为 4.6717、4.2205、3.3853、2.0435 和 1.8113,云南、广西、贵州、山西和宁夏的总指数较低,其值分别为 0.2698、0.1887、0.1823、0.0549 和 0.0240。

表3-3　　　　代表性年份各省市经济增长质量总指数

省份	2000 年	2005 年	2010 年	2015 年	2016 年	2017 年
北京	0.4480	0.6723	1.4259	2.4893	3.2882	4.2205
天津	-1.3951	0.4401	1.6134	2.4410	2.8660	3.3853
河北	-0.5727	-0.7458	-0.1603	0.4875	0.6656	0.8383
山西	-0.5362	-0.5463	-0.2190	0.5408	0.4145	0.0549
内蒙古	-0.8313	-0.3606	0.3195	0.2309	0.5772	0.5658
辽宁	-0.0141	0.2240	0.6053	1.1384	1.4227	1.0577
吉林	-0.2253	-0.0013	0.5300	1.4219	1.5924	1.5637
黑龙江	-0.0419	0.0288	0.7834	1.5349	1.5448	1.5601
上海	0.4010	0.4075	0.7513	2.1018	2.7271	4.6717
江苏	0.6002	-0.2117	0.2098	1.1169	1.3380	1.6333
浙江	0.7699	0.3878	0.4732	1.3910	1.7068	1.8113
安徽	-1.0418	-0.8593	-0.3467	0.3666	0.6503	0.7651
福建	0.6284	-0.1115	-0.0305	1.2422	1.5616	1.7941
江西	-0.3690	-0.4092	-0.0815	0.4789	0.8613	1.0498
山东	0.7954	0.1578	0.4323	1.1045	1.2719	1.3975
河南	-0.8225	-0.8087	0.1314	0.6379	0.8823	0.9580
湖北	-0.6159	-0.8671	-0.2325	0.7793	1.0149	1.1597
湖南	-0.4764	-0.7403	-0.0262	0.6726	0.9073	1.0932
广东	0.0849	-0.0906	0.4408	1.4615	1.8054	2.0435
广西	-1.0338	-1.2101	-0.0133	0.2310	0.4967	0.1887
海南	-0.5185	-0.5303	0.0544	0.8383	1.1115	1.2526
重庆	-0.5965	-0.5431	-0.3354	0.7572	0.9279	1.1547
四川	-0.9403	-0.7482	-0.2660	0.5555	0.7023	0.7621
贵州	-1.5995	-1.4325	-0.8246	-0.0408	0.1844	0.1823
云南	-1.3308	-1.1987	-0.1549	0.2236	0.2760	0.2698
陕西	-0.9926	-1.0050	-0.1217	0.3692	0.4866	0.5643

续表

省份	2000 年	2005 年	2010 年	2015 年	2016 年	2017 年
甘肃	-1.1854	-0.8908	-0.4031	0.1756	0.4826	0.3786
青海	-1.8380	-1.6832	-0.7933	0.5322	0.4272	0.3770
宁夏	-1.2961	-1.2805	-1.0331	0.1932	0.1012	0.0240
新疆	-0.9392	-0.9994	-0.6189	0.1861	0.1028	0.3207

资料来源：本书测算得出。

表3-4报告了2017年各省市经济增长质量分维度指数的测算结果。结构方面，各省市指数的均值为0.4413，指数为正的省市有22个，其中上海、北京和天津的指数较高，其值分别为3.1721、3.1093和2.0992；指数为负的省市有8个，其中海南、黑龙江和新疆的指数较低，其值分别为-2.0252、-1.7058和-0.6073。效率方面，各省市指数的均值为-0.1595，指数为正的省市有9个，指数为负的省市有21个，说明目前我国大多数地区均存在经济效率偏低的问题，未来需要通过技术进步、优化资源配置等方式提高经济增长效率。福利变化方面，各省市指数的均值为0.8940，且绝大多数省市的指数大于零，仅贵州、云南和宁夏的指数小于零，其值分别为-0.1024、-0.1563和-0.1404。资源环境代价方面，各省市指数的均值为1.4868，在各分维度指数均值中的得分最高，其中北京、天津、上海、江苏、浙江、福建和广东的指数均高于2；山西、贵州、青海、宁夏和新疆排名全国末位，且指数均为负值，这些省市在未来的经济发展过程中需要更加注重环境保护与自然资源合理利用。

表3-4　　　2017年各省市经济增长质量分维度指数

省份	结构维度	效率维度	福利变化维度	资源环境代价维度
北京	3.1093	0.3282	0.9560	7.2473
天津	2.0992	1.0197	2.9216	4.0670
河北	0.0700	-0.1077	0.8678	0.7978
山西	1.5248	1.4173	0.5648	-0.1641
内蒙古	0.4412	1.6828	0.7959	1.0827
辽宁	0.2760	1.2402	1.7828	0.9257
吉林	0.5780	-0.0187	1.6688	1.4103
黑龙江	-1.7058	-0.0895	2.1227	1.4909

续表

省份	结构维度	效率维度	福利变化维度	资源环境代价维度
上海	3.1721	0.9013	1.6883	7.7068
江苏	0.3204	-0.0902	1.1530	2.1196
浙江	0.1903	0.0769	1.5674	2.1825
安徽	-0.2205	-0.4913	0.4098	1.0023
福建	-0.2025	-0.7836	1.0557	2.3522
江西	-0.3476	-0.2866	1.3447	0.7713
山东	0.5939	0.2455	1.3648	1.4996
河南	0.3242	-0.2727	0.7716	1.0018
湖北	0.0845	-0.8105	0.8608	1.1316
湖南	0.6992	-0.0785	0.7634	1.2929
广东	1.1599	-0.7560	0.8602	2.7393
广西	-0.2144	1.0084	0.2875	0.6518
海南	-2.0252	-0.9098	0.9031	1.7802
重庆	0.5573	-0.2950	0.8099	1.3047
四川	-0.1077	-0.2460	0.7804	0.7057
贵州	0.2451	-1.4019	-0.1024	-0.2636
云南	0.1235	-1.0900	-0.1563	0.1607
陕西	0.8357	-0.4541	0.3170	0.4207
甘肃	0.9951	-0.2127	0.0418	0.3912
青海	0.2820	-1.5405	0.3465	-0.3942
宁夏	0.9896	-1.1483	-0.1404	-0.6251
新疆	-0.6073	-1.6215	0.2142	-0.1862

注：限于篇幅，这里仅报告了各省市2017年分维度指数的测算结果。

二、经济增长质量的地区差异

观察上文的测算结果可以大致看出，我国各省市间经济增长质量存在显著差异，以表3-3中2017年的测算结果为例，上海、北京、天津、广东和浙江的总指数列前五位，其指数均值为3.2264，云南、广西、贵州、山西和宁夏的总指数列后五位，其指数均值为0.1439，排名前五位省市的指数均值是排名后五位省市的22.42倍，二者间相差较大。因此，为进一步考察经济增长质量的地区差异，本书将计算2000—2017年30个省市经济增长质量总指数和分维度指数的σ系数（见图3-5）。σ系数越小，表示地区间经济增长质量差距越小；σ系数越大，表示地区间经济增长质量差距越大。其计算方法如公式（3-3）所示，其中qe_i为省市i的经济增长质量指数，aqe为各省市经济增长质量指数的均值，n为省市个数。

$$\sigma = \sqrt{\sum_{i=1}^{n}(qe_i - aqe)^2/n} \tag{3-3}$$

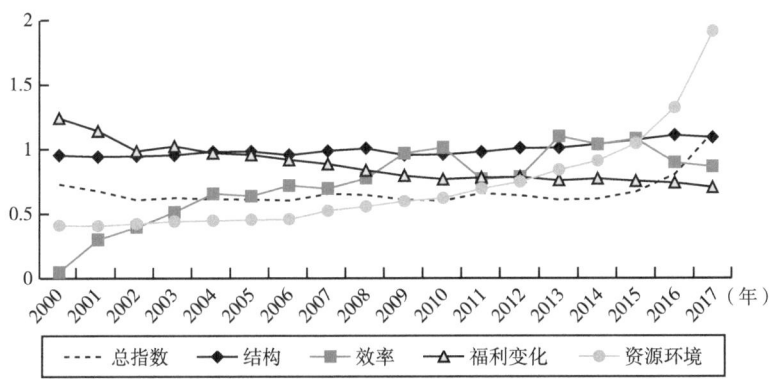

图3-5 经济增长质量的总体差异

总指数方面，σ系数的变化趋势可大致分为两个阶段：先由2000年的0.7288波动式下降至2013年的0.6088，之后几年逐渐上升，2017年达到1.1298。结构方面，σ系数的变动幅度较小，历年的系数值基本维持在0.95—1.10，2017年的系数值为1.0899，相比于2000年的0.9529略有提高。效率方面，σ系数的波动较大，2000年地区间经济增长效率的差距较小，系数值为0.0479。在此之后，地区间的差距呈现出扩大趋势，2017年的系数值为1.0899。福利变化方面，σ系数总体呈现出下降趋势，系数值由2000年的1.2397逐步下降至2017年的0.7042。资源环境方面，σ系数的上升趋势较为明显，系数值由2000年的0.4112逐步上升至2017年的1.9114。总体而言，在2000—2017年，总指数的σ系数提高了0.4010，说明在此期间省市间的经济增长质量差距有所扩大。在分维度方面，结构维度σ系数的变动幅度较小，效率维度和资源环境维度的σ系数没有出现明显的收敛趋势，福利变化维度的σ系数出现了明显的收敛趋势，说明在样本期间内，效率和资源环境维度的地区差距扩大是引起省市间经济增长质量差距扩大的主要原因。

通过对各省市经济增长质量的总体差异进行考察可以发现,我国地区间经济增长质量存在一定差距,且这种差距随着时间的推移略有扩大。2000年经济增长质量总指数排名前十的是山东、浙江、福建、江苏、北京、上海、广东、辽宁、黑龙江和吉林,其中8个处于东部,2个处于中部;总指数排名11—20位的是江西、湖南、河北、重庆、湖北、河南、海南、山西、内蒙古和新疆,其中2个处于东部,5个处于中部,3个处于西部;总指数排名21—30位的是四川、陕西、广西、安徽、甘肃、宁夏、云南、天津、贵州和青海,其中1个处于东部,1个处于中部,8个处于西部。可以看出,2000年经济增长质量较高的省市大多集中在东部地区,排名前十位的省市有8个属于东部地区,而西部地区的经济增长质量相对较低,排名后十位的省市有8个属于西部地区。在这种分布态势下,当年东、中、西部地区各省市经济增长质量总指数的均值分别为0.1116、-0.5161和-1.1440,东部地区明显高于中西部地区。2017年,经济增长质量总指数排名前十的是上海、北京、天津、广东、浙江、福建、江苏、吉林、黑龙江和山东,其中8个处于东部,2个处于中部;总指数排名11—20位的是海南、湖北、重庆、湖南、辽宁、江西、河南、河北、安徽和四川,其中3个处于东部,5个处于中部,2个处于西部;总指数排名21—30位的是内蒙古、陕西、甘肃、青海、新疆、云南、广西、贵州、山西和宁夏,其中1个处于中部,9个处于西部。与2000年的分布态势相似,东部省市的经济增长质量较高,而西部省市的排名相对靠后。与这种分布态势相对应,2017年东、中、西部地区各省市经济增长质量总指数的均值分别为2.1914、1.0256和0.4353,依然呈现出由东至西依次递减的分布态势。

本章小结

首先,经济增长质量是一种综合性的价值判断,需要对经济系统、社会系统和生态环境系统进行综合考量。因此,本章从结构、效率、福利变化和资源环境四个维度构建了衡量经济增长质量的指标体系,其中结构维度包括产业结构和城乡二元结构,效率维度包括技术进步和产出效率,福利变化维度包括收入水平和公共教育服务,资源环境代价维度包括资源消耗和环境污染。

其次,对基础指标进行了处理,确定了各层次指标的权重。在指标赋权方面,本书在综合比较各种赋权方法和借鉴以往研究的基础上,采用主成分分析法确定权重。在指标处理方面,为避免数据量级差距对测算结果造成不良影响,对各项数据进行了标准化处理。同时,为统一各项指标对经济增长质量的作用方向,对所有逆向指标均采取了倒数形式。

最后,报告了中国各省市经济增长质量的测算结果,并进一步考察了经济增长质量的地区差异。测算结果显示,在2000—2017年,各省市的经济增长质量均得到了一定程度的提升,其中天津、上海和北京的提升幅度较大,山西、山东和江苏的提升幅度较小。在地区差异方面,通过 σ 系数考察了省市间经济增长质量的总体差异,结果显示,地区间经济增长质量存在一定差距,且这种差距随着时间的推移略有扩大。就各省市经济增长质量的空间分布而言,目前经济增长质量较高的省市基本集中在东部地区,而西部省市的经济增长质量相对较低,三大地区呈现出由东至西依次递减的分布态势。

第四章

财政性教育支出影响经济增长质量的实证分析

从第一章的理论分析可以看出,教育财政投入可以从多个方面促进经济增长质量提升,而我国的教育财政经费投入规模与配置结构是否同样有利于提升经济增长质量?本章将结合上文测算出的中国各省级行政单位的经济增长质量分维度与综合指数,从规模与结构两个方面实证检验财政性教育支出对经济增长质量的影响。

第一节 财政性教育支出规模对经济增长质量的影响

一、研究设计

(一)模型设定

教育财政投入规模的大小是政府公共选择的结果,政府选择的合理与否会直接影响经济增长的效果。近年来,我国财政性教育支出规模的增长幅度明显,支出总额由 2000 年的 2562.61 亿元增长到 2019 年的 40046.55 亿元,占 GDP 的比重也由 2000 年的 2.56% 上升至 2019 年的 4.04%。对于扩大财政性教育支出规模是否有利于提升经济增长质量,本节将构建以下模型进行检验:

$$qe_{it} = \alpha_1 + \beta_1 edusca_{it} + \sum_{j=1}^{n} \delta_j X_{it} + \theta_i + \eta_t + \varepsilon_{it} \qquad (4-1)$$

其中,i 和 t 分别代表地区与年份,qe 代表经济增长质量,edusca 代表财政性教育支出规模,X 为一组控制变量,α_1 为常数项,β_1 与 δ_j 为待估参数,θ 和 η 代表个体效应和时间效应,ε 为回归残差项。

第四章　财政性教育支出影响经济增长质量的实证分析

在财政支出总量既定的前提下，各项公共支出存在着此消彼长的互动关系，财政性教育支出规模的过度扩大可能会挤占其他公共支出，从而对经济增长质量产生负面影响。基于此，这里在公式（4-1）的基础上引入财政性教育支出规模的二次项，以进一步考察财政性教育支出规模与经济增长质量的非线性关系，具体模型如下：

$$qe_{it} = \alpha_2 + \beta_2 edusca_{it} + \beta_3 edusca_{it}^2 + \sum_{j=1}^{n} \delta_j X_{it} + \theta_i + \eta_t + \varepsilon_{it} \quad (4-2)$$

其中，$edusca^2$为财政性教育支出规模的二次项，其余变量与符号所代表的内容与公式（4-1）相同。

（二）变量与数据说明

第一，被解释变量。被解释变量为中国各省级行政单位的经济增长质量，采用第二章测算出的经济增长质量总指数和结构、效率、福利变化与资源环境代价方面的分维度指数。

第二，解释变量。解释变量为财政性教育支出规模，衡量教育支出规模的指标有两种：一是绝对指标，即财政性教育支出总量；二是相对指标，即财政性教育支出与其他经济指标间的比例关系。本节将在考察财政性教育支出的经济增长质量效应的基础上进一步检验二者间的非线性关系，而采用相对规模指标更有利于分析教育财政投入规模过度扩大是否挤占了其他领域的公共支出，从而不利于提升经济增长质量。因此，采用各地区财政性教育支出占地区生产总值的比重作为解释变量，其中财政性教育支出数据来源于《中国教育经费统计年鉴》，地区生产总值数据来源于《中国统计年鉴》。

第三，控制变量。经济波动率（ef），经济增长过程中频繁和剧烈的波动会损坏经济增长的稳定性和内在机制，也不利于实现资源的合理利用与有效配置，从而对经济增长质量的提升产生负面影响。外商直接投资（fdi），一方面，外商投资所带来的先进理念与技术能够在一定程度上提升生产效率；另一方面，外资企业在利润最大化原则的驱使下，会在一定程度上忽视自然资源合理开发和环境保护，从而增加东道国经济增长的资源环境成本。失业率（ur），在宏观层面，奥肯定律表明失业率每高于自然失业率1个百分点，实际GDP会低于潜在GDP 2个百分点，因而失业率的提高会降低国民收入水平；在微观层面，知识水平和产出效率较低的劳动力往往面临较高的失业风险，是较高失业率的主要承担者，因而失业率的提高会降低该群体的收入水平,从而进一步拉大收入分配差距,缩小经济增长成果的惠及范围与阻碍社会福利水平的提升。外贸依存度(mod),一国可以通过进口贸易引进先进技术与设备,为产业结构升级提供必要的技术支持,但较高的外贸依存度也意味着宏观经济运行的不确定性较大,例如近年来发生的中美贸易摩擦与全球性的新冠疫情在一定程度上增加了我国经济运行的外部风险与下行压力。最后引入人口增长率(popg)以控制地区的人口规模效应。以上数据均来源于历年《中国统计年鉴》,为统一量纲,各控制变量的数值均以百分数表示,各变量描述性统计见表4-1。

表4-1 变量描述性统计

变量	测算方法	平均值	标准差	最大值	最小值
经济增长质量(qe)	见第三章	$5.21E-08$	0.94	4.67	-2.36
结构维度(jg)		$5.97E-08$	1.13	3.18	-3.58
效率维度(xl)		$-2.18E-07$	0.95	3.68	-3.24
福利变化维度(fl)		$7.21E-08$	0.88	2.58	-2.81
资源环境维度(hj)		$2.23E-07$	1.28	9.84	-1.74
财政性教育支出规模(edusca)	地区财政性教育支出总额/地区生产总值	3.89	1.50	9.85	1.63
经济波动率(ef)	地区生产总值增长率变动幅度的绝对值	1.50	1.58	12.15	0.00
外商直接投资(fdi)	实际利用外商直接投资/全社会固定资产投资	0.06	0.06	0.39	$2.81E-04$
失业率(ur)	城镇登记失业率	3.56	0.71	6.50	0.80
外贸依存度(mod)	进出口总额/地区生产总值	0.31	0.38	1.72	0.02
人口增长率(popg)	人口自然增长率	5.40	2.91	13.10	-1.90

二、实证分析结果

(一)财政性教育支出规模对经济增长质量总指数的估计结果

首先从全国层面初步考察财政性教育支出规模对经济增长质量的影响,同时为避免多重共线性的不良影响,估计时将依次加入各控制变量,结果如表4-2所示。在模型(1)和模型(2)中,财政性教育支出规模(edusca)

第四章 财政性教育支出影响经济增长质量的实证分析

的系数均在1%的水平下显著为正,对比二者的估计结果可以看出,在控制了地区与时间效应后,估计系数的变动幅度较大,由0.5077变为0.3338,因而有必要对地区与时间效应加以控制,以提高参数估计的可靠性;模型(3)至模型(7)依次加入了经济波动率、外商直接投资、失业率、外贸依存度和人口增长率,结果显示变量edusca的系数依然显著为正,且系数值的变动幅度较小。这一方面反映出模型估计结果较为稳健,未出现明显的多重共线性问题;另一方面表明财政性教育支出规模的经济增长质量效应显著,就模型(7)的估计结果来看,支出规模每上升1%,经济增长质量总指数将提高0.3568。

在控制变量方面,经济波动率(ef)的估计系数在模型(3)至模型(7)中均显著为负,根据经验预期,频繁和剧烈经济波动会损坏经济运行的内在机制,降低经济增长的稳定性,从而不利于经济高质量增长。外商直接投资(fdi)的估计系数在模型(4)至模型(7)中均显著为负,说明外商直接投资对经济增长质量的影响更多的表现为负向效应,已有研究表明外商直接投资对我国环境的负面影响显著,外商直接投资每提高1%,环境污染程度增加0.035%(苏振东和周玮庆,2010)[1]。各模型中失业率(ur)的估计系数为负,但未通过显著性检验,这可能是因为我国目前公布的失业率数据仅报告了城镇登记失业率,未将农村进城务工劳动力和农村劳动力纳入在内,与真实失业率存在一定差距,因而无法有效捕捉失业率与经济增长质量间的关系。外贸依存度(mod)的估计系数在模型(6)与模型(7)中显著为负,说明外贸依存度的提高在整体上不利于经济增长质量的提升。相关研究认为,外贸依存度越高,宏观经济运行所承担的风险越大,并且在长期内,外贸依存度的提高会对我国经济持续健康发展产生消极影响(张鹏,2008)[2]。另外,在外部风险急剧上升的国际大环境下,适当降低外贸依存度有利于提升经济增长的稳定性,增强抵御外部冲击的能力。人口增长率(popg)的估计系数显著为正,说明人口增长率的提高有助于提升经济增长质量。数据显示我国65岁及以上人口占总人口的比重已由2000年的6.96%上升至2019年的12.57%[3],国际标准认为,当该占比高于7%时,那么表明该国家已进入老

---

[1] 苏振东,周玮庆. 外商直接投资对中国环境的影响与区域差异——基于省际面板数据和动态面板数据模型的异质性分析 [J]. 世界经济研究,2010(6):63-67.
[2] 张鹏. 我国贸易依存度与经济增长的适度比例 [J]. 国际贸易问题,2008(4):16-22.
[3] 数据来源:历年《中国统计年鉴》。

龄化社会。因此，在我国人口老龄化进程加快的背景下，较高的人口增长率意味着人力资本供给相对充足，从而有利于提升经济增长质量。

表4-2 财政性教育支出规模对经济增长质量总指数的估计结果

变量	(1)	(2)	(3)	(4)	(5)	(6)	(7)
edusca	0.5077*** (0.0280)	0.3338*** (0.0306)	0.2957*** (0.0302)	0.2902*** (0.0297)	0.2899*** (0.0298)	0.3241*** (0.0281)	0.3568*** (0.0288)
ef			-0.0773*** (0.0127)	-0.0692*** (0.0127)	-0.0693*** (0.0127)	-0.0648*** (0.0119)	-0.0612*** (0.0118)
fdi				-0.0206*** (0.0052)	-0.0204*** (0.0052)	-0.0110** (0.0050)	-0.0109** (0.0049)
ur					-0.0193 (0.0523)	-0.0494 (0.0489)	-0.0377 (0.0486)
mod						-0.0149*** (0.0017)	-0.0153*** (0.0017)
popg							0.0558*** (0.0171)
cons	-1.9749*** (0.1547)	-1.0066*** (0.1359)	-0.7232*** (0.1394)	-0.6263*** (0.1394)	-0.5601** (0.2273)	-0.2352 (0.2154)	-0.7111*** (0.2584)
组内 R^2	0.4825	0.6473	0.6716	0.6818	0.6819	0.7236	0.7294
Obs.	540	540	540	540	540	540	540
时间固定效应	不控制	控制	控制	控制	控制	控制	控制
地区固定效应	不控制	控制	控制	控制	控制	控制	控制
Hausman 检验		41.65***	39.22***	106.30***	112.82***	164.52***	190.53***

注：***、**分别代表1%、5%的显著水平，括号内为标准差。

中国各地区的经济发展水平、政府公共支出偏向与经济增长质量存在较大差异，因而财政性教育支出规模的经济增长质量效应可能会表现出明显的地区异质性。为此，将我国各省级行政区域划分为东、中、西三大地区[①]，再次考察二者间的数量关系，表4-3为相应估计结果。

---

① 参照以往研究的划分标准，东部地区包括北京、天津、河北、辽宁、上海、江苏、浙江、山东、福建、广东和海南11个省市，中部地区包括山西、吉林、黑龙江、安徽、江西、河南、湖南和湖北8个省市，西部地区包括内蒙古、四川、贵州、重庆、云南、广西、陕西、甘肃、青海、宁夏和新疆11个省市。

对比模型（1）、（3）、（5）和模型（2）、（4）、（6）的估计结果可以看出，在加入控制变量和控制地区与时间效应后，变量edusca的符号与显著性未发生改变，均在1%的水平下显著为正，表明三大地区财政性教育支出规模的经济增长质量效应显著且稳健，效应最大的为东部地区，中部地区次之，西部地区最小，且西部地区与中东部地区的差距较大。东中部地区教育资源相对充沛、教育政策更加灵活、人力资本积累效率与公共服务水平较高，为有效发挥财政性教育支出的经济增长质量效应营造了良好的外部环境，因而财政性教育支出的估计系数较大。西部地区财政性教育支出规模的经济增长质量效应较低的原因可能是以下两点：第一，财政性教育支出存在占比高总量低的问题，从相对规模来看，2017年东部、中部与西部地区各省市财政性教育支出占地区生产总值比重的均值分别为4.05%、4.21%与6.18%，西部地区显著高于东中部地区；就绝对规模而言，2017年东部、中部与西部地区各省市平均财政性教育支出总额分别为1441.71亿元、1056.02亿元与837.30亿元，西部地区与东部地区的差距明显。由此可见，西部地区的高占比主要是因为地区生产总值较低，而较低的支出总额弱化了财政性教育支出提升经济增长质量的作用。第二，西部地区的人力资本外流现象较为严重，投入在西部地区的教育财政经费虽然培养出了大量人力资本，但人力资本流失使得当地经济发展并未从中获益，反而进一步扩大了地区间财政性教育支出提升经济增长质量的差距。

表4-3 分地区财政性教育支出规模对经济增长质量总指数的估计结果

变量	东部地区		中部地区		西部地区	
	（1）	（2）	（3）	（4）	（5）	（6）
edusca	0.7059*** (0.0646)	0.4448*** (0.0684)	0.7567*** (0.0586)	0.4386*** (0.0690)	0.3009*** (0.0319)	0.1786*** (0.0370)
ef		-0.0414* (0.0235)		-0.0526*** (0.0178)		-0.0481*** (0.0169)
fdi		-0.0118* (0.0065)		-0.0525*** (0.0202)		-0.1297*** (0.0229)
ur		-0.1147 (0.0803)		-0.3029*** (0.0871)		-0.01039 (0.0861)

续表

变量	东部地区		中部地区		西部地区	
	(1)	(2)	(3)	(4)	(5)	(6)
mod		-0.0218*** (0.0023)		-0.0321*** (0.0117)		0.0103* (0.0555)
popg		0.1488*** (0.0316)		-0.0173 (0.0349)		-0.0445 (0.0277)
cons	-1.6501*** (0.2559)	0.5501 (0.3868)	-2.6486*** (0.2406)	0.4535 (0.5025)	-2.0412*** (0.1733)	-0.3216 (0.5118)
组内 R^2	0.4466	0.7485	0.5574	0.8216	0.5938	0.7970
Obs.	198	198	144	144	198	198
时间固定效应	不控制	控制	不控制	控制	不控制	控制
地区固定效应	不控制	控制	不控制	控制	不控制	控制
Hausman 检验		54.91***		15.92**		57.05***

注：***、**、*分别代表1%、5%和10%的显著水平，括号内为标准差。

在控制变量方面，经济波动率、外商直接投资和失业率的估计结果与全国层面的估计结果较为一致，而外贸依存度与人口增长率的估计结果在不同地区的表现存在差异。具体而言，东中部地区外贸依存度的估计结果显著为负，西部地区的估计结果显著为正，表明在东中部地区，外贸依存度的提高仍然不利于经济增长质量的提升，而在西部地区，外贸依存度提高有助于推动经济增长质量提升。根据上文分析可知，一方面，对外贸易可以为产业结构升级提供相应的技术支持；另一方面，外贸依存度越高，宏观经济运行的不确定性越大。相比东部与中部地区，西部地区的技术水平相对落后，适当提高外贸依存度有利于引进先进技术与生产设备，从而有利于推动产业结构升级与经济高质量增长，并且西部地区的外贸依存度较低，外部冲击可能对其经济运行造成的不确定性较小。人口增长率的估计结果仅在东部地区为正，在中西部地区为负，且未通过显著性检验，表明相比于中西部地区，东部地区将新增人口转化为人力资本的能力较强，因而较高的人口增长率意味着较为充足的人力资本供给，从而有利于经济增长质量提升。

（二）财政性教育支出规模对经济增长质量各维度的估计结果

本书所构建的经济增长质量指标体系包括结构、效率、福利变化与资源环境四个分维度。为进一步揭示财政性教育支出规模与经济增长质量间的数量关系，本小节将依次以经济增长质量的各维度指数作为被解释变量进行估计，表4-4为具体估计结果。

根据表4-4中模型（1）至模型（4）的估计结果，做出以下分析：第一，模型（1）中变量edusca的估计系数尽管为正，但未通过显著性检验，即财政性教育支出规模对经济增长结构维度的影响不显著。城乡二元结构是结构维度的主要构成部分，第一章的理论分析也指出投入在农村地区的教育财政经费可以通过提高农业劳动者的生产效率与促进人口代际流动的方式实现城乡均衡发展，消除城乡二元结构，但我国城乡间教育财政经费的投入数量存在一定差距，使得教育促进城乡均衡发展和优化经济结构的作用被削弱。第二，模型（2）中变量edusca的估计系数为负，但不显著，说明财政性教育支出规模的变动未对经济增长效率产生显著影响。李静等（2017）的研究指出，我国存在较为严重的人力资本错配现象，即在薪酬待遇的激励下，大批具备科研创新能力的高质量人力资本进入了非生产型、非创新型的高收入行业，造成创新部门的创新效率低下[①]。因而人力资本错配导致大量投入在教育领域的财政资金未能有效发挥促进技术进步与科技创新的作用，最终弱化了财政性教育支出对经济增长效率的影响。第三，财政性教育支出规模对福利变化维度的影响显著为正。从国民收入水平的角度看，已有研究表明政府教育支出是提高国民收入水平的重要因素（郭玉清等，2006；周杰文和后灵芝，2014）；从公共教育服务的角度看，相对充足的教育财政经费投入为完善教育基础设施和提高教职工薪资福利待遇提供了资金支持，而这些软硬件条件的完善进一步推动了教育质量提升，进而有效提高了公共教育服务水平。第四，财政性教育支出规模对资源环境维度的影响显著为正。一方面，教育财政投入通过推动教育事业发展促进了生产技术变革，从而提高了自然资源的利用效率，公共教育也可以提高全体公民的环境保护意识，进而减少了经济增长过程中的资源环境代价；另一方面，生产性财政支出通常会导致自然资源浪费与环境污染等问题，在财政支出规模既定的前提下，作为民生性支出的财政性教育支出规模增大，生产性财政支出所占的比重会相应降低，因而提高财政性教育支出规模有利于经济绿色发展。此外，模型（4）中外

---

① 李静，楠玉，刘霞辉. 中国经济稳增长难题：人力资本错配及其解决途径[J]. 经济研究，2017（3）：18-31.

商直接投资的估计结果为负，说明外商直接投资的增加提高了经济增长的资源环境代价，进一步佐证了前文的分析。

表4-4 财政性教育支出规模对经济增长质量各维度的估计结果

变量	结构维度 (1)	效率维度 (2)	福利变化维度 (3)	资源环境维度 (4)
edusca	0.0321 (0.0327)	-0.1482 (0.2477)	0.2863*** (0.0271)	0.3860*** (0.0503)
ef	-0.0249** (0.0113)	0.0038 (0.0190)	-0.0263** (0.0108)	-0.1151*** (0.0201)
fdi	-0.0183*** (0.0045)	0.0025 (0.0079)	-0.0067 (0.0045)	-0.0181** (0.0083)
ur	0.0700 (0.0447)	-0.0262 (0.0783)	-0.0479 (0.0446)	-0.0490 (0.0826)
mod	0.0038** (0.0015)	0.0042 (0.0027)	-0.0040** (0.0016)	-0.0313*** (0.0029)
popg	-0.0583*** (0.0148)	0.0380 (0.0276)	-0.0418*** (0.0157)	0.2189*** (0.0291)
cons	0.6953*** (0.2192)	0.0567 (0.4167)	-0.4060* (0.2371)	-1.1062** (0.4394)
组内 R^2	0.3732	0.4995	0.5673	0.5624
Obs.	540	540	540	540
时间固定效应	控制	控制	控制	控制
地区固定效应	控制	控制	控制	控制
Hausman 检验	39.38***	13.67*	82.96***	206.74***

注：***、**、*分别代表1%、5%和10%的显著水平，括号内为标准差。

(三) 财政性教育支出规模与经济增长质量的非线性关系

财政性教育支出与经济增长质量的线性回归结果显示，扩大支出规模有利于提升经济增长质量，然而在财政支出总量既定的前提下，扩大对教育领域的财政投入规模势必会挤占其他公共支出，因而当财政性教育支出规模超过一定范围时，可能不利于提升经济增长质量。基于此，本书将财政性教育支出规模的二次项纳入待估模型，以进一步检验二者间的非线性关系，估计结果如表4-5所示。

第四章 财政性教育支出影响经济增长质量的实证分析

表 4 – 5　财政性教育支出规模与经济增长质量的非线性估计结果

变量	（1）全国	（2）东部地区	（3）中部地区	（4）西部地区
edusca	0.7798 *** (0.0933)	0.5994 *** (0.2097)	2.4130 *** (0.4006)	0.4447 *** (0.1574)
edusca^2	-0.0377 *** (0.0079)	-0.0175 (0.0224)	-0.2560 *** (0.0513)	-0.0208 * (0.0119)
ef	-0.0535 *** (0.0118)	-0.0413 * (0.0236)	-0.0361 ** (0.0166)	-0.0444 *** (0.0170)
fdi	-0.0055 (0.0049)	-0.0108 (0.0067)	-0.0515 *** (0.0184)	-0.1248 *** (0.0229)
ur	-0.0713 (0.0481)	-0.1241 (0.0813)	-0.3456 *** (0.0801)	-0.1169 (0.0859)
mod	-0.0159 *** (0.0017)	-0.0216 *** (0.0023)	-0.0517 *** (0.0114)	0.4874 (0.6337)
popg	0.0529 *** (0.0168)	0.1517 *** (0.0318)	-0.0467 (0.0325)	-0.0355 (0.0280)
cons	-1.6291 *** (0.3178)	0.2512 (0.5448)	-2.7608 *** (0.7911)	-1.0685 (0.6660)
组内 R^2	0.7413	0.7493	0.8521	0.8005
Obs.	540	198	144	198
时间固定效应	控制	控制	控制	控制
地区固定效应	控制	控制	控制	控制
Hausman 检验	198.88 ***	45.12 ***	56.29 ***	52.59 ***

注：*** 、** 、* 分别代表 1%、5% 和 10% 的显著水平，括号内为标准差。

表 4 – 5 中，模型（1）为全国层面的检验结果，其中 edusca 的估计系数显著为正，edusca^2 的估计系数显著为负，表明财政性教育支出规模与经济增长质量间存在倒 U 型的非线性关系，即当财政性教育支出规模在一定范围内时，支出规模的提高有利于经济高质量增长，而当财政性教育支出规模超出一定水平时，继续增加支出规模会阻碍经济增长质量提升。政府公共支出涉及经济社会的各个方面，用于医疗卫生、社会保障、基础设施建设等领域的财政资金也是提高居民生活水平与实现经济高质量发展的重要保障，而教育财政投入规模过大会导致其他领域的财政投入相对不足，从而不利于提升经

济增长质量。模型（2）至模型（4）报告了不同地区财政性教育支出与经济增长质量的非线性回归结果，其中三大地区一次项 edusca 的估计系数均显著为正，二次项 edusca² 的估计系数在中部与西部地区显著为负，在东部地区虽然为负，但未通过显著性检验，说明在中部与西部地区，财政性教育支出规模与经济增长质量的倒 U 型关系仍然显著，而东部地区并未表现出明显的倒 U 型特征，这可能是因为东部地区的相对支出规模较低。数据样本显示，东部地区 2000—2017 年财政性教育支出占地区生产总值比重的均值为 3.18%，低于中部地区的 3.43% 与西部地区的 4.93%，因而二者间未表现出明显的倒 U 型关系。

从我国各省市财政性教育支出的现状来看，2018 年地方财政性教育支出占地区生产总值比重位列前十的为青海、甘肃、新疆、贵州、海南、云南、宁夏、黑龙江、北京和吉林。对于这些省份而言，继续大幅提高教育财政投入的相对规模会损害其他领域公共支出的充足性，对经济高质量增长产生消极影响。与此同时，除北京外这些省份基本都属于欠发达地区，也面临着教育财政投入绝对规模偏低的问题。因此，为摆脱这种"相对规模大、绝对规模小"的两难处境，当地政府应将工作重点放在优化支出结构与提高资金使用效率方面，中央政府则需要加大对这些地区的转移支付力度，以缓解财政性教育支出总量不足的问题。

第二节 财政性教育支出结构对经济增长质量的影响

上一节的分析结果显示，一方面，财政性教育支出规模适度扩大有利于提升经济增长质量，而当支出规模超过一定范围时，则会对经济增长质量产生消极影响；另一方面，我国正处在大规模减税降费时期，各级政府所面临的财政收支平衡压力较大，短期内提高财政性教育支出规模的空间较小。因此，在教育财政资金存在供给约束的前提下，有效发挥财政性教育支出提升经济增长质量效应更依赖于优化支出结构。本节将进一步考察财政性教育支出层级结构对经济增长质量的影响，以寻求提升经济增长质量的有效路径，同时也更为全面地揭示教育财政投入与经济增长质量间的关系。

一、研究设计

(一) 模型设定

财政性教育支出层级结构主要包括两个方面：一是分级结构，即分配在不同教育层级的财政资金数量；二是总体结构，即投入在各教育层级间财政资金的比例关系。本节将分别从分级与总体视角检验财政性教育支出层级结构对经济增长质量的影响，具体模型设定如下：公式（4-3）为分级视角下的待估模型，公式（4-4）为总体视角下的待估模型。

$$qe_{it} = \alpha_3 + \beta_3 peredu_{it} + \sum_{j=1}^{n}\delta_j X_{it} + \theta_i + \eta_t + \varepsilon_{it} \qquad (4-3)$$

$$qe_{it} = \alpha_4 + \beta_4 eduh_{it} + \sum_{j=1}^{n}\delta_j X_{it} + \theta_i + \eta_t + \varepsilon_{it} \qquad (4-4)$$

在公式（4-3）与公式（4-4）中，peredu 为各级财政性教育支出，在进行实证分析时，将分别代入不同层级的财政性教育支出进行估计；eduh 为财政性教育支出的总体层级结构，其具体测算方法将在下文进行详细说明；下标 i 和 t 分别代表地区与年份；其他变量说明与本章第一节相同。

(二) 变量与数据说明

第一，被解释变量为各省市的经济增长质量。控制变量包括经济波动率、外商直接投资、失业率、外贸依存度与人口增长率。

第二，分级视角下的解释变量为各级生均财政性教育支出，按照国际通行的划分标准，本书将教育层级分为学前教育（幼儿园）、初等教育（小学）、中等教育（中学）与高等教育（高等学校），并以各省市幼儿园、小学、中学和高等学校的生均预算内教育经费支出数据代理各层级生均财政性教育支出。此外，由于省级层面的幼儿园生均预算内教育经费支出数据于 2007 年才开始公布，为保证样本范围的一致性与估计结果的可比性，本节将统一采用 2007—2017 年的省级面板数据进行参数估计。

总体视角下的解释变量为财政性教育支出高层级化指数，以往文献在研究财政性教育支出总体层级结构对经济增长的影响时，通常将各级教育支出纳入同一模型进行估计，但在财政性教育支出既定的前提下，各级教育支出存在此消彼长的互动关系，同时进行回归可能无法避免共线性对估计结果造成的偏误，从而无法准确刻画出二者间的数量关系。因此，本书借鉴付凌晖（2010）度量产业结构高级化时采用的方法，构建财政性教育支出高层级化指数以代理财政性教育支出的总体层级结构，其具体测算步骤如下：

首先，将财政性教育支出分为学前教育、初等教育、中等教育和高等教育4个层级，将每一层级支出占总财政性教育支出的比重作为向量中的一个数值，从而构成一组4维向量 $B_0 = (b_{1,0}, b_{2,0}, b_{3,0}, b_{4,0})$；其次，利用公式（4-5）分别计算向量 B_0 与教育支出由低层级到高层级排列的向量 $B_1 = (1,0,0,0)$，$B_2 = (0,1,0,0)$，$B_3 = (0,0,1,0)$，$B_4 = (0,0,0,1)$ 的夹角 γ_1、γ_2、γ_3、γ_4；最后，利用公式（4-6）计算出财政性教育支出高层级化指数 eduh。

$$\gamma_j = \arccos\left\{\frac{\sum_{i=1}^{4}(b_{i,j} \cdot b_{i,0})}{\left(\sum_{i=1}^{4}(b_{i,j}^2)^{1/2} \cdot \sum_{i=1}^{4}(b_{i,0}^2)^{1/2}\right)}\right\}, j=1,2,3,4 \quad (4-5)$$

$$eduh = \sum_{k=1}^{4}\sum_{j=1}^{k}\gamma_j \quad (4-6)$$

财政性教育支出高层级化指数可以在总体上衡量财政性教育支出的层级结构与政府教育投入偏向，其值越高，说明高层级教育支出的占比越大，低层级教育支出的占比越小，图4-1显示了2007—2017年我国财政性教育支出高层级化指数的变化趋势。可以看出，各层面财政性教育支出高层级化指数均呈现出不同程度的下降趋势，其中全国各省份高层级化指数的均值由2007年的11.56下降至2017年的11.27。在三大地区中，东部与西部地区的下降幅度较大，东部地区由2007年的11.62下降至2017年的11.28，西部地区由2007年的11.48下降至2017年的11.15，分别下降了0.33与0.34。

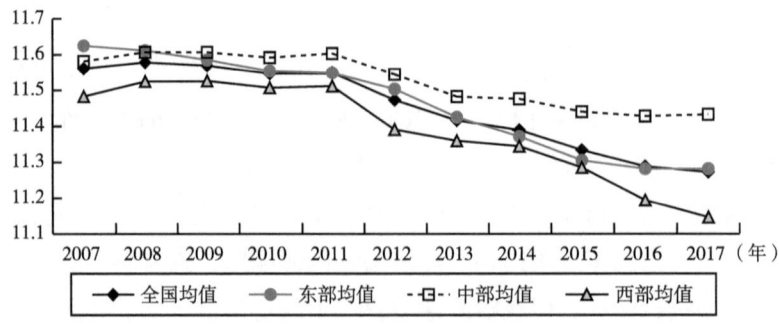

图4-1 2007—2017年财政性教育支出高层级化指数变化趋势

30个省级行政单位（西藏与港澳台地区除外）的各级生均预算内教育支出数据、各级财政性教育支出数据来源于《中国教育经费统计年鉴》，其余数据均来源于《中国统计年鉴》，其中对生均预算内教育经费数据以2000年为基期进行了价格调整，并在估计时取对数以消除异方差的影响，各变量描述性统计如表4-6所示。

表4-6　　　　　　　　变量描述性统计

变量	平均值	标准差	最大值	最小值
经济增长质量（qe）	5.21E-08	0.94	4.67	-2.36
高等教育生均预算内教育支出（pedu）	9.46	0.51	10.79	8.17
中等教育生均预算内教育支出（eedu）	8.98	0.68	11.02	7.48
初等教育生均预算内教育支出（medu）	8.73	0.64	10.33	7.25
学前教育生均预算内教育支出（tedu）	8.16	0.80	10.38	6.23
财政性教育支出高层级化指数（eduh）	11.45	0.19	11.98	10.38

注：各控制变量的描述性统计如表4-1所示。

二、实证分析结果

投入在不同层级的教育财政资金所培养出的人力资本类型存在区别，高等教育主要用于培养管理型与创新型人力资本，包括学前、初等与中等在内的基础教育主要用于培养技能型与一般型人力资本。人力资本是推动经济高质量增长的强大支撑，人力资本贡献率逐步提高也是高质量经济增长的重要特征，因而不同层级的财政性教育支出对经济增长质量的贡献存在差异。基于此，本节将首先从分级视角考察各层级教育财政投入对经济增长质量的影响，以寻求有效提升经济增长质量的有效路径，表4-7为具体估计结果。

模型（1）至模型（4）中，变量tedu、medu、eedu与pedu的估计系数均在1%的水平下显著为正，表明投入在不同层级的教育财政经费均有助于推动经济增长质量提升。就各级教育支出对经济增长质量的贡献大小而言，贡献较大的为初等教育与中等教育，高等教育次之，学前教育的贡献最小。结合样本数据来看，2007—2017年各省份高等教育生均预算内教育支出的均值为14464.46元，中等教育的均值为10045.00元，初等教育的均值为7538.88元，学前教育的均值为4800.32元，其中高等教育分别是中等教育、初等教育、学前教育的1.44倍、1.92倍、3.01倍。可以看出,在高等教育生均预算内教育支出明显高于其他层级的情况下,其对经济增长质量的贡献却小于初等教育与中等教育,反映出高等教育财政经费的使用效率较低,可能存在较为严重的资金浪费现象;也表明在教育财政资金供给存在约束的前提下,适当增加对初等与中等教育的财政投入是提升经济增长质量的有效途径。除此之外,大量相关研究也指出,对于发展中国家而言,重视基础教育事业发展是跨越中等收入陷阱与促进经济持续稳定增长的有效手段。学前教育对经济增长质量的贡献较小主要是因为我国对学前教育的财政投入长期处于较低水平,虽然近年来加大了对学前教育的投入力度,但与其他国家相比,仍然存在较大缺口[1],不少地区依然存在幼师队伍建设滞后、入园难、入园贵与教育质量不高等问题,从而导致用于学前教育的财政经费无法充分发挥促进经济高质量增长的作用。

表4-7 各层级财政性教育支出对经济增长质量的估计结果

变量	(1)	(2)	(3)	(4)
tedu	0.6777*** (0.0684)			
medu		0.7530*** (0.0481)		
eedu			0.7682*** (0.0513)	
pedu				0.4996*** (0.0505)
ef	-0.0070 (0.0161)	-0.0060 (0.0140)	-0.0002 (0.0143)	0.0010 (0.0165)
fdi	-0.0178* (0.0105)	0.0150 (0.0096)	0.0091 (0.0097)	-0.0176 (0.0107)
ur	-0.1722** (0.0771)	-0.0064 (0.0687)	-0.0125 (0.0704)	-0.1980** (0.0782)

---

[1] 《中国教育经费统计年鉴》与世界银行数据库公布的数据显示,2017年,我国学前教育财政投入占GDP的比重为0.16%;在部分发达国家中,美国的占比为0.33%,英国的占比为0.22%,德国的占比为0.49%;在与中国国民收入水平相当的发展中国家中,巴西、墨西哥、俄罗斯、阿根廷的占比长期稳定在0.38%、0.51%、0.57%、0.43%左右。

续表

变量	(1)	(2)	(3)	(4)
mod	-0.0198*** (0.0019)	-0.0148*** (0.0017)	-0.0175*** (0.0017)	-0.0208*** (0.0019)
popg	0.0539** (0.0259)	0.0500** (0.0224)	0.0675*** (0.0229)	0.0252 (0.0265)
cons	-4.9374*** (0.8071)	-6.1764*** (0.6394)	-6.0956*** (0.6618)	-2.3759*** (0.6218)
组内 R^2	0.7240	0.7923	0.7837	0.7135
Obs.	330	330	330	330
时间固定效应	控制	控制	控制	控制
地区固定效应	控制	控制	控制	控制
Hausman 检验	110.66***	75.29***	96.23***	110.39***

注：***、**、*分别代表1%、5%和10%的显著水平，括号内为标准差。

为更全面地考察财政性教育支出层级结构与经济增长质量的关系，以下部分将从总体结构视角检验其对经济增长质量的影响，估计结果如表4-8所示。表中模型（1）与模型（2）为全国层面的估计结果，结果显示无论是否控制地区固定效应、年份固定效应与其他影响因素，变量 eduh 的估计系数均显著为负，说明财政性教育支出高层级化指数的提高不利于经济增长质量提升。Vandenbussche 等（2006）利用跨国数据研究了不同发展水平国家教育投资与经济增长的关系，他们认为在技术水平较高的发达国家，应实施偏向于高等教育的资金投入政策；而在技术水平较低的发展中国家，应加大对基础教育的投入力度①。由于经济发展水平、地理区位和资源禀赋等因素的影响，我国地区间的技术水平存在不小差异，因而不同技术水平地区财政性教育支出高层级化指数与经济增长质量的关系可能存在差异。基于此，本节将我国30个省市（西藏和港澳台地区除外）分为高技术水平地区与低技术水平地区，以进一步考察二者间的数量关系。全要素生产率可以较为全面地衡量某一地区的技术水平，因而依照第二章测算出的全要素生产率数据对各省市进行高低分组，具体划分依据为2007—2017年30个省市年均全要素生产

---

① Vandenbussche J., Aghion P., Meghir C. Growth, Distance to Frontier and Composition of Human Capital [J]. Journal of Economic Growth, 2006, 11 (2): 97-127.

率的均值①。表4-8中模型（3）与模型（4）为低技术水平地区的估计结果，模型（5）与模型（6）为高技术水平地区的估计结果，不同模型中变量eduh的估计系数均显著为负，表明无论是在高技术水平地区，还是在低技术水平地区，偏向于高层级教育的财政投入结构均不利于提升经济增长质量。对比模型（4）与模型（6）的结果可以看出，高技术水平地区变量eduh估计系数的绝对值明显小于低技术水平地区，说明随着技术水平的提高，偏向于高层级教育的财政投入结构对经济增长质量的负面影响有所减小，但我国的整体技术水平与发达国家还存在一定差距，现阶段仍应该重视基础教育发展。

结合以上分析结果可以看出，一方面，高等教育所占用的财政资金份额较大，但其对经济增长质量的贡献小于初等教育与中等教育；另一方面，全国与不同技术水平层面的估计结果均显示，偏向于高层级教育的财政资金配置结构不利于经济高质量增长。因此，从提升经济增长质量的角度出发，应加大对初等与中等教育的财政投入力度，适当降低高等教育所占的财政份额。

表4-8 财政性教育支出高层级化指数对经济增长质量的估计结果

变量	全国		低技术水平地区		高技术水平地区	
	（1）	（2）	（3）	（4）	（5）	（6）
eduh	-2.8745*** (0.1588)	-1.2076*** (0.2234)	-2.7807*** (0.2198)	-1.6712*** (0.2981)	-2.8174*** (0.2510)	-0.6970** (0.3230)
ef		-0.0022 (0.0175)		-0.0110 (0.0189)		-0.0020 (0.0350)
fdi		-0.0361*** (0.0111)		-0.0731*** (0.0185)		-0.0140 (0.0145)
ur		-0.3595*** (0.0805)		-0.3192*** (0.0962)		-0.2750** (0.1331)
mod		-0.0173*** (0.0023)		-0.0048 (0.0066)		-0.0232*** (0.0031)

---

① 低技术水平地区包括河北、山西、内蒙古、辽宁、吉林、黑龙江、安徽、江西、河南、湖南、广西、海南、重庆、贵州、云南、陕西、甘肃、青海、宁夏19个省市，高技术水平地区包括北京、天津、上海、江苏、浙江、福建、山东、湖北、广东、四川、新疆11个省市。

续表

变量	全国		低技术水平地区		高技术水平地区	
	(1)	(2)	(3)	(4)	(5)	(6)
popg		0.0283 (0.0292)		-0.0952* (0.0488)		0.0987** (0.0416)
cons	3.3333*** (0.1823)	1.6108*** (0.2417)	3.2017*** (0.2520)	2.1260*** (0.3294)	3.3098*** (0.2881)	1.0937*** (0.3421)
组内 R^2	0.5587	0.6907	0.5331	0.6785	0.5803	0.7897
Obs.	330	330	209	209	121	121
时间固定效应	不控制	控制	不控制	控制	不控制	控制
地区固定效应	不控制	控制	不控制	控制	不控制	控制
Hausman 检验		122.82***		33.92***		57.22***

注：***、**、* 分别代表1%、5%和10%的显著水平，括号内为标准差。

第三节 稳健性检验

一、财政性教育支出规模影响经济增长质量的稳健性检验

为保证模型估计结果稳健可靠，同时也进一步检验变量间是否存在内生性，本小节对第一节的估计结果进行稳健性检验。在具体检验时采用财政性教育支出规模的一阶滞后项作为工具变量，使用两阶段最小二乘法进行估计，表4-9报告了相应的检验结果。模型（1）为财政性教育支出规模与经济增长质量总指数的检验结果，结果显示在控制了变量间的内生性后，解释变量edusca的回归系数仍然为正，且在1%的水平下显著，说明财政性教育支出规模扩大对推动经济增长质量提升的作用是显著且稳健的。模型（2）至模型（5）为财政性教育支出规模与经济增长质量各维度的检验结果，其中edusca在结构维度的回归系数为正，但未通过显著性检验，在效率维度的回归系数显著为负，在福利变化与资源环境维度的回归系数显著为正，这与前文的估计结果高度一致。模型（6）为财政性教育支出与经济增长质量非线性关系的检验结果，可以看出edusca的回归系数显著为正，$edusca^2$的回归系数显著为负，即财政性教育支出规模与经济增长质量间的倒U型关系依然成立。

表 4-9　　　　　　　　　　稳健性检验结果

变量	总指数	结构维度	效率维度	福利变化维度	资源环境维度	非线性关系
	(1)	(2)	(3)	(4)	(5)	(6)
edusca	0.3673***	0.0356	-0.2327***	0.3729***	0.2628***	0.7598***
	(0.0439)	(0.0417)	(0.0773)	(0.0381)	(0.0743)	(0.1371)
edusca²						-0.0320***
						(0.0107)
ef	-0.0295**	-0.0078	0.0031	-0.0214*	-0.0458*	-0.3004**
	(0.0140)	(0.0124)	(0.0246)	(0.0121)	(0.0237)	(0.0139)
fdi	0.0044	-0.0191***	00094	0.0005	0.0119	0.0060
	(0.0055)	(0.0047)	(0.0096)	(0.0047)	(0.0093)	(0.0055)
ur	-0.1400***	0.0343	-0.0499	-0.0784*	-0.2688***	-0.1477***
	(0.0511)	(0.0456)	(0.0901)	(0.0444)	(0.0866)	(0.0510)
mod	-0.0171***	0.0028*	0.0039	-0.0041***	-0.0356***	-0.0173***
	(0.0016)	(0.0015)	(0.0029)	(0.0014)	(0.0028)	(0.0016)
popg	0.0832***	-0.0712***	0.0186	-0.0297*	0.2539***	0.0783***
	(0.0180)	(0.0160)	(0.0318)	(0.0157)	(0.0306)	(0.0180)
cons	-0.5667*	-0.3603	0.4937	-0.7752***	0.0101	-1.5489***
	(0.3272)	(0.2911)	(0.5760)	(0.2842)	(0.5540)	(0.4582)
组内 R^2	0.7624	0.3432	0.4986	0.6211	0.6153	0.7652
Obs.	510	510	510	510	510	510
时间固定效应	控制	控制	控制	控制	控制	控制
地区固定效应	控制	控制	控制	控制	控制	控制

注：***、**、*分别代表1%、5%和10%的显著水平，括号内为标准差。

二、财政性教育支出结构影响经济增长质量的稳健性检验

上文分级视角下的估计结果显示，各级财政性教育支出的经济增长质量效应均显著，且初等与中等教育的贡献较大。教育投资在作用于经济增长时往往存在滞后性，在考虑滞后影响的情况下，不同层级教育支出对经济增长质量的作用可能会发生变化。基于此，这里采用各级财政性教育支出的一至三阶滞后项作为工具变量，对上述估计结果进行稳健性检验。财政性教育支

第四章　财政性教育支出影响经济增长质量的实证分析

出的总体层级结构与经济增长质量间不存在明显的滞后效应，因而对总体视角下的估计结果进行稳健性检验时，采用财政性教育支出高层级化指数的一阶滞后项作为工具变量。表4-10中，模型（1）至模型（4）为分级视角下的检验结果，可以看出，在考虑了滞后因素后，各级财政性教育支出仍然可以显著促进经济高质量增长，并且对经济增长质量贡献较大的依然为初等和中等教育。此外，高等教育与初等教育、中等教育的贡献差距由表4-7中的0.091和0.075扩大为表4-10中的0.127和0.189，更加说明适当增加对初等教育与中等教育的财政投入是提升经济增长质量的有效途径。模型（5）报告了总体视角下的检验结果，与表4-8中模型（2）的估计结果相比，变量exph估计系数的显著性与符号均未发生明显改变，表明估计结果较为稳健。

表4-10　　　　　　　　　稳健性检验结果

变量	(1)	(2)	(3)	(4)	(5)
tedu	0.6238* (0.3302)				
medu		0.8131*** (0.1611)			
eedu			0.7508*** (0.1766)		
pedu				0.4774*** (0.1644)	
eduh					-0.7747** (0.3929)
ef	0.0001 (0.0184)	-0.0016 (0.0167)	0.0003 (0.0171)	-0.0114 (0.0174)	0.0157 (0.0139)
fdi	0.0007 (0.0016)	0.0086 (0.0148)	-0.0035 (0.0151)	0.0086 (0.0157)	0.0086 (0.0111)
ur	-0.0228 (0.0846)	0.0445 (0.0808)	0.0267 (0.0821)	0.0433 (0.0893)	0.0427 (0.0737)
mod	-0.0195*** (0.0025)	-0.0180*** (0.0024)	-0.0217*** (0.0024)	-0.0179*** (0.0026)	-0.0114*** (0.0024)
popg	0.0495* (0.0277)	0.0379 (0.0257)	0.0511** (0.0258)	0.0481* (0.0270)	0.0321 (0.0235)

续表

变量	(1)	(2)	(3)	(4)	(5)
cons	-4.8124 (3.2761)	-6.6799 *** (1.6228)	-5.7558 *** (1.7028)	-3.1089 ** (1.5704)	0.9801 ** (0.0432)
组内 R^2	0.7346	0.7608	0.7523	0.7365	0.8047
Obs.	240	240	240	240	300
时间固定效应	控制	控制	控制	控制	控制
地区固定效应	控制	控制	控制	控制	控制

注：***、**、* 分别代表1%、5%和10%的显著水平，括号内为标准差。

本章小结

本章利用中国各省级行政单位的面板数据，从规模和结构两个方面实证分析了财政性教育支出的经济增长质量效应，主要结论如下。

第一，在经济增长质量总指数层面，通过控制经济波动率、外商直接投资、失业率、外贸依存度、人口增长率以及地区与时间效应发现，财政性教育支出规模的经济增长质量效应显著，支出规模每提升1个百分点，经济增长质量指数将提高0.3568。同时，不同地区财政性教育支出规模对经济增长质量的影响存在差异。东部地区由于教育资源相对充沛、教育政策更加灵活、人力资本积累效率与公共服务水平较高，其教育财政支出规模对经济增长质量的影响系数最大；西部地区则因为教育财政支出的绝对规模偏小，人力资本外流现象较为严重，其财政性教育支出规模的经济增长质量效应远低于东中部地区。

第二，在分维度指数层面，财政性教育支出规模对经济增长结构维度未产生显著影响，其原因在于城乡二元结构是经济结构的重要方面，而我国城乡间教育财政经费的投入数量存在一定差距，使得教育促进城乡均衡发展和优化经济结构的作用被削弱。财政性教育支出规模对经济增长效率维度未产生显著影响，即我国存在较为严重的人力资本错配，大批具备科研创新能力的高质量人力资本为获得更好的薪资待遇，进入了非生产型、非创新型的高收入行业，造成创新部门的创新效率低下，从而弱化了教育财政投入对经济

第四章 财政性教育支出影响经济增长质量的实证分析

增长效率的影响。在福利变化与资源环境方面，提高财政性教育支出规模可以有效提升国民收入水平与公共教育服务质量，促进资源合理开发与利用，从而有利于改善居民福利水平和实现经济绿色发展。

第三，通过对财政性教育支出规模与经济增长质量的非线性关系进行检验发现，二者间存在显著的倒 U 型关系，即当财政性教育支出规模在一定范围内时，支出规模的提高有利于经济高质量增长，而当财政性教育支出规模超出一定水平时，继续增加支出规模会挤占其他有利于提升经济增长质量的公共支出，从而对高质量增长产生负向效应。在地区层面，中部与西部地区财政性教育支出规模与经济增长质量的倒 U 型关系仍然显著，东部地区则由于财政性教育支出规模较小，二者间并未表现出明显的倒 U 型关系。就各省份的具体情况而言，财政性教育支出相对规模位列全国前列的基本为欠发达省份，这些省份同时面临着"相对规模大，绝对规模小"的支出困境。若想更好地发挥财政性教育支出促进经济高质量增长的作用，当地政府应将工作重点放在优化支出结构与提高资金使用效率方面，中央政府则需要通过转移支付对这些省份予以支持，以缓解其支出总量不足的问题。

第四，从分级和总体两种视角检验了财政性教育支出层级结构对经济增长质量的影响。分级视角下的检验结果显示，不同层级的教育财政投入均有助于推动经济增长质量提升，但各层级教育支出对经济增长质量的贡献存在差异。初等教育与中等教育的贡献率较高；高等教育的生均教育支出水平较高，但其对经济增长质量的贡献率反而低于初等与中等教育；在学前教育方面，由于我国对学前教育的财政投入存在较大缺口，不少地区仍然存在幼师队伍建设滞后、入园难、入园贵以及教育质量不高等问题，从而导致其对经济增长质量的贡献率较低。在总体视角下，全国与不同技术水平层面的估计结果均显示过于偏向高层级教育的财政资金配置结构对于未来经济高质量增长的积极效应已经不再明显。因此，在教育财政资金供给存在约束的前提下，适当增加对初等与中等教育的财政投入是下一步提升经济增长质量的有效途径。

第五章

财政性教育支出影响经济增长质量的路径检验

知识经济时代,逐步提升人力资本贡献率是实现经济高质量增长的重要途径,而教育投资是形成人力资本的主要方式,因而三者间存在着较强的内在联系。上文的理论分析也指出,在财政性教育支出影响经济增长质量的过程中,人力资本是关键的中介因素,存在着"财政性教育支出增加—人力资本积累—经济增长质量提升"的内涵式增长路径。因此,本章将从质量和存量两个方面衡量中国各省级行政区划的人力资本,并实证检验其是否在财政性教育支出影响经济增长质量的过程中发挥着中介作用以及不同地区间中介作用所表现出的空间异质性。

第一节 研究设计

一、中介效应模型建立

检验中介效应的方法有多种,较为常用的有逐步检验法、联合检验法和系数差异检验法,不同方法在检验功效和检验错误率方面各有优劣。温忠麟等(2004)[1]在总结和改进 Sobel(1982)、Baron 和 Kenny(1986)、Mackinnon(2002)等检验程序的基础上,提出了一个综合性的检验方法,此方法可以在保证较高检验功效的同时有效降低检验错误率。因此,本书将利用温

---

[1] 温忠麟,张雷,侯杰泰,等. 中介效应检验程序及其应用[J]. 心理学报,2004,36(5):614-620.

忠麟等（2004）提出的方法，构建以下方程检验中介效应：

$$qe_{it} = \alpha_1 + \beta_1 edu_{it} + \sum_{j=1}^{n} \delta_j X_{it} + \eta_i + \varepsilon_{it} \tag{5-1}$$

$$hc_{it} = \alpha_2 + \lambda edu_{it} + \sum_{j=1}^{n} \varphi_j X_{it} + \eta_i + \varepsilon_{it} \tag{5-2}$$

$$qe_{it} = \alpha_3 + \beta_2 edu_{it} + \theta hc_{it} + \sum_{j=1}^{n} \mu_j X_{it} + \eta_i + \varepsilon_{it} \tag{5-3}$$

其中，i 代表地区；t 代表时期；α_1、α_2、α_3 为常数项；qe 为经济增长质量；edu 为财政性教育支出；hc 为反映人力资本的中介变量，在进行检验时将其分为人力资本质量和人力资本存量；X 为一组控制变量；β_1、β_2、λ、θ、δ、φ、μ 为待估参数；η 为个体效应；ε 为回归残差项。

该检验方法的具体步骤如下：第一步，检验方程（5-1），即检验财政性教育支出影响经济增长质量的总效应。若 β_1 的检验结果显著，可继续下一步检验；若 β_1 的检验结果不显著，说明不具备进行中介效应检验的前提条件，可直接终止检验程序。第二步，检验方程（5-2）和方程（5-3）。若 λ 和 θ 的检验结果均显著，说明存在中介效应，可以进行第三步检验；若 λ 和 θ 的检验结果至少有一个不显著，直接进行第四步检验。第三步，根据上一步的检验结果，若 β_2 的检验结果不显著，说明存在完全中介效应，即财政性教育支出对经济增长质量的影响都是通过人力资本实现的；若 β_2 的检验结果显著，说明存在部分中介效应，即财政性教育支出对经济增长质量的影响只有一部分是通过人力资本实现的，且中介效应大小为 λ 和 θ 的乘积，中介效应占总效应的比重为 $\lambda\theta/\beta_1$；另外，若 λ 和 θ 的乘积与 β_1 的符号相反，说明存在遮掩效应（广义中介效应），即财政性教育支出通过人力资本对经济增长质量产生了消极影响。第四步，进行 Sobel 检验，这一检验的统计量 Z 为 $\lambda\theta/\sqrt{\lambda^2 S_\theta^2 + \theta^2 S_\lambda^2}$，其中 S_λ^2 和 S_θ^2 分别为估计系数 λ 和 θ 的标准差。若检验结果显著，说明中介效应存在，可返回到第三步计算中介效应大小与占比；若检验结果不显著，说明中介效应不存在。Sobel 检验的统计量与标准正态分布有所不同，其在 5% 显著水平下的临界值为 0.97（MacKinnon 等，2002）[①]，

[①] MacKinnon D. P., Lockwood C. M., Hoffman J. M., West S. G., Sheets V. A Comparison of Methods to Test Mediation and Other intervening Variable Effects [J]. Psychological Methods, 2002, 7 (1): 83-104.

本书在进行检验时也以此临界值为准，图 5-1 显示了中介效应检验程序的具体操作步骤。

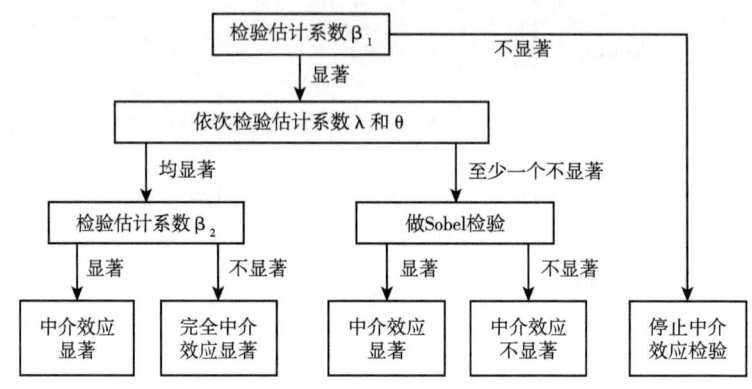

图 5-1 中介效应检验过程

二、变量说明与数据来源

第一，被解释变量。被解释变量为中国各省级行政单位的经济增长质量，采用第三章测算出的经济增长质量指数。

第二，解释变量。现有文献在研究教育财政投入与经济增长的数量关系时一般选取财政性教育支出占比、人均财政性教育支出或生均财政性教育支出作为教育财政投入的代理变量，其中人均财政性教育支出和生均财政性教育支出可以消除人口因素对估计结果的不良影响，因而被大多数学者采用，但生均财政性教育支出的数据优越性需要对教育层级进行区分才能有效体现（詹新宇和刘文彬，2019），因此本节选取人均财政性教育支出作为解释变量。

第三，中介变量。中介变量为人力资本，人力资本通常包括质量和存量两个方面。质量是指劳动者知识与实践经验的积累水平、技能熟练程度和身心健康程度，存量是指具备一定素质且从事劳动生产的人数。因此，本书将从质量和存量两个方面衡量人力资本，其中采用平均受教育年限法来测算各省级行政单位的人力资本质量，受教育程度较高的劳动力往往具备较高的专业知识积累与技能操作水平，较强的学习领悟能力、创新意识和敬业精神，从而可以有效提高劳动效率和产出质量，并且受教育程度越高，越容易获得其他形式的人力资本，因而平均受教育年限可以较好地反映出某一地区的人力资本质量；人力资本存量的测算方法大致可分为三类，即收入法、成本法和教育存量法，本书在考虑数据可得性和研究相关性的基础上借鉴彭国华（2005）的方法来测算各省级行政单位的人力资本存量[①]。

人力资本质量的计算方法如公式（5-4）所示：

$$hcq_{it} = \sum a_k \times \frac{各阶段学历人口}{6岁以上总人口} \quad (5-4)$$

其中，i代表地区；t代表时期；hcq为人力资本质量；a_k为不同阶段学历受教育年限，文盲或未上过学的人口受教育年限为0年，小学学历为6年，初中学历为9年，高中学历为12年，中职学历为12年，大专学历为15年，本科学历为16年，研究生学历为19年。

图5-2报告了2000—2017年人力资本质量的变动趋势，全国各省份人力资本质量的均值由2000年的7.14波动式上升至2017年的9.33。就三大地区而言，东部地区由于教育普及程度和高学历人口占比较高，其人力资本质量均值显著高于中部与西部地区。

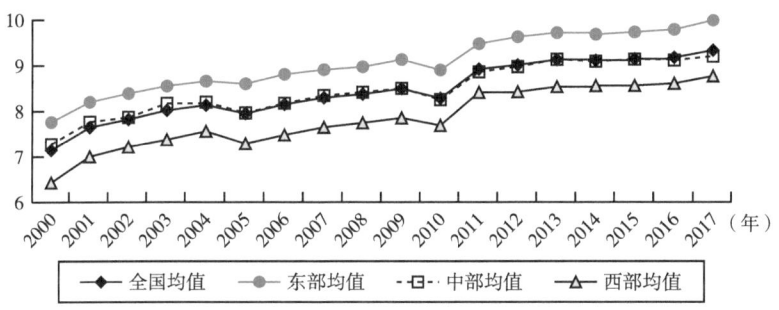

图5-2　全国与各地区人力资本质量变动趋势

人力资本存量的计算方法如公式（5-5）和公式（5-6）所示：

$$hct_{it} = e^{f(E_{it})} \times L_{it} \quad (5-5)$$

$$f(E_{it}) = \begin{cases} E_{it} \times b_1 & (0 \leqslant E_{it} \leqslant 6) \\ 6b_1 + (E_{it} - 6) \times b_2 & (6 < E_{it} \leqslant 12) \\ 6b_1 + 6b_2 + (E_{it} - 12) \times b_3 & (E_{it} > 12) \end{cases} \quad (5-6)$$

---

① 彭国华. 中国地区收入差距、全要素生产率及其收敛分析[J]. 经济研究，2005（9）：19-29.

其中，i代表地区；t代表时期；hct为人力资本存量；E为劳动力受教育年限，计算方法与公式（5-4）相似，只是将式中的各阶段学历人口占总人口的比重替换为各阶段学历劳动力人数占总劳动力人数的比重；L为劳动力投入水平，这里以就业人数予以衡量；$f(E_{it})$为计算对数形式人均人力资本存量的分段线性函数；b_1、b_2、b_3分别代表初等教育、中等教育和高等教育的教育回报率，参考Psacharopoulos和Patrinos（2004）的研究成果①，将其设定为0.18、0.134和0.151。

图5-3报告了2000—2017年人力资本存量的变动趋势，全国各省份人力资本存量的均值由2000年的10342.37逐步上升至2017年的17331.98。就三大地区而言，中部地区由于劳动力投入水平较高，其存量均值与东部地区较为接近，而西部地区的存量均值与东中部地区的差距较为明显。

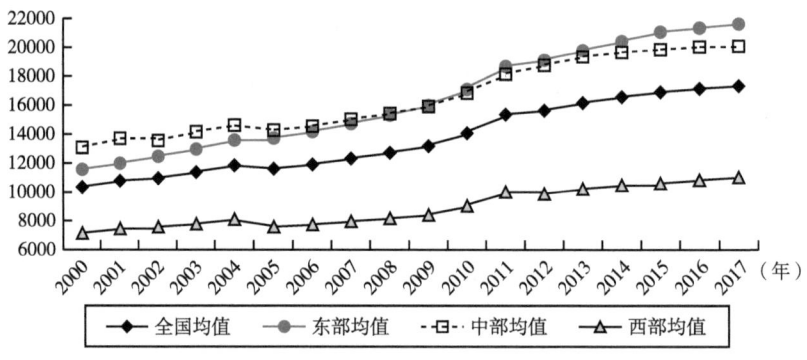

图5-3 全国与各地区人力资本存量变动趋势

第四，控制变量。为保证回归结果稳健，引入以下控制变量：（1）外商直接投资占比（fdi），以全社会固定资产投资中实际利用外商直接投资所占的比重表示；（2）经济波动率（ef），以真实地区生产总值增长率变动幅度的绝对值衡量；（3）失业率（ur），目前我国失业率的统计口径未包括农村劳动力和农村进城务工劳动力，因而以城镇登记失业率衡量；（4）人口增长率（popg），以人口自然增长率衡量。

各省级行政区（西藏和港澳台地区除外）的财政性教育支出数据来源于《中国教育经费统计年鉴》，劳动力受教育年限数据来源于《中国劳动统计年

---

① Psacharopoulos G., Patrinos H. A. Returns to Investment in Education: A Further Update [J]. Education Economics, 2004, 12（2）: 111-134.

鉴》，其余数据均来源于《中国统计年鉴》，以上包含价格信息的数据均以2000年为基期进行了价格调整。此外，为消除可能存在的异方差问题，在参数估计前对人均财政性教育支出和人力资本存量数据进行了对数处理，各变量描述性统计如表5-1所示。

表 5-1　　　　　　　　　　变量描述性统计

变量	符号	平均值	标准差	最大值	最小值
经济增长质量	qe	5.21E-08	0.94	4.67	-2.36
人均财政性教育支出	edu	6.29	0.79	8.72	4.70
人力资本质量	hcq	8.45	1.07	12.67	5.44
人力资本存量	hct	9.24	0.83	10.66	6.94
外商直接投资占比	fdi	0.06	0.06	0.39	2.81E-04
经济波动率	ef	1.50	1.58	12.15	0
失业率	ur	3.56	0.71	6.50	0.80
人口增长率	popg	5.40	2.91	13.10	-1.90

第二节　基于人力资本的中介效应检验

一、全国层面的检验结果

本小节将从全国层面初步检验人力资本质量和存量在财政性教育支出与经济增长质量间的中介效应。表5-2报告了相应检验结果，其中模型（1）为基准模型，用于检验财政性教育支出影响经济增长质量的总效应以及存在中介效应的可能性，模型（2）和模型（3）用于检验人力资本质量的中介效应，模型（4）和模型（5）用于检验人力资本存量的中介效应。表中Hausman检验结果显示模型（1）至模型（5）均适用固定效应估计。模型（1）中财政性教育支出对经济增长质量的总效应为0.5662，且在1%的水平下显著，满足进行中介效应检验的前提条件。模型（2）的估计结果显示，财政性教育支出可以显著提升人力资本质量；模型（3）的估计结果显示，人力资本质量可以显著促进经济增长质量提升。由于这两个系数均通过了显著性检验,说明人力资本质量在财政性教育支出影响经济增长质量过程中的中介作用显著,其大小和占比分别为 0.3078 和 54.37%。同理,模型(4)和模型(5)的估计结果表明人力资本存量在财政性教育支出与经济增长质量间的中介效应显著,其大小和占比分别为 0.2596 和 45.85%。由此可见,存在"财政性教育支出增加—人力资本积累—经济增长质量提升"的传导路径,54.37% 和 45.85% 的较高占比则说明人力资本是财政性教育支出促进经济增长质量提升的重要中介因素,因而有效发挥财政性教育支出的经济增长质量效应,不仅取决于教育财政经费的支出规模、配置结构和使用效益,还要注重人力资本激励和管理工作,以更加充分地利用财政性教育支出影响经济增长质量的人力资本传导机制,更好地服务于经济高质量发展。此外,结合模型(3)与模型(5)可知,当中介变量由人力资本质量替换为人力资本存量后,各估计系数的显著性与符号高度一致,表明估计结果较为稳健。

表 5-2　　　　　　　全国层面的中介效应检验结果

变量	(1) qe 固定效应	(2) hcq 固定效应	(3) qe 固定效应	(4) hct 固定效应	(5) qe 固定效应
edu	0.5662*** (0.0450)	1.0080*** (0.0240)	0.2584*** (0.0941)	0.2966*** (0.0089)	0.3066*** (0.0792)
hcq			0.3054*** (0.0823)		
hct					0.8753*** (0.2212)
ef	-0.0282** (0.0138)	-0.0283*** (0.0074)	-0.0196 (0.0138)	-0.0071*** (0.0027)	-0.0220* (0.01369)
fdi	-0.0154*** (0.0060)	0.0019 (0.0032)	-0.0149** (0.0059)	-0.0051*** (0.0012)	-0.0199*** (0.0060)
ur	0.0213 (0.0520)	0.0237 (0.0278)	0.0141 (0.0514)	-0.0112 (0.0103)	0.0312 (0.0513)
popg	0.0925*** (0.0193)	-0.0216** (0.0103)	0.0991*** (0.0191)	0.0178*** (0.0038)	0.0769*** (0.0194)

续表

变量	(1) qe 固定效应	(2) hcq 固定效应	(3) qe 固定效应	(4) hct 固定效应	(5) qe 固定效应
cons	-4.1815*** (0.4328)	2.1826*** (0.2312)	-4.8481*** (0.4637)	7.3641*** (0.0859)	-10.6275*** (1.6842)
R^2	0.3312	0.8613	0.3643	0.8189	0.3514
Obs.	540	540	540	540	540
Hausman 检验	71.87***	13.82**	63.55***	21.73***	85.26***
Sobel 检验					
中介效应是否显著		是		是	
中介效应大小		0.3078		0.2596	
中介效应/总效应		54.37%		45.85%	

注：***、**、*分别代表1%、5%和10%的显著水平，括号内为标准差。

二、地区层面的检验结果

不同地区教育事业非均衡发展和财政性教育经费非均衡配置的显著事实是否造成了人力资本中介效应的地区差异？本小节将分别对东部、中部和西部地区的样本数据进行估计。表5-3报告了基于人力资本质量的检验结果，表5-4报告了基于人力资本存量的检验结果。

表5-3中，Hausman 检验结果显示模型（1）、（2）、（3）、（8）适用于随机效应估计，模型（4）、（5）、（6）、（7）、（9）适用于固定效应估计。在东部地区中，解释变量和中介变量的估计结果均显著为正；在中部和西部地区中，Z 统计量均大于临界值 0.97，表明各地区基于人力资本质量的中介效应均显著，存在"财政性教育支出增加—人力资本质量提高—经济增长质量提升"的传导路径。模型（2）、（5）和（8）反映了各地区财政性教育支出对人力资本质量的影响，其中东部、中部和西部地区的估计系数分别为1.13、0.74和0.78，该结果比较符合东部地区教育体系更加完善、教育经费相对充足、人力资本积累效率较高的现实状况。中部地区的估计系数略小于西部地区主要是因为中部地区基础教育（小学与初中）的财政性教育支

出水平较低，而基础教育财政投入更有利于促进人资本质量提升（钱雪亚等，2014①；孙萌和台航，2018②）。数据显示2000年东、中、西三大地区基础教育的人均财政投入分别为121.41元、65.02元和80.77元；2017年，中部地区的投入水平为964.96元，仍低于东部地区的1188.60元和西部地区的1278.68元③。

观察各地区的中介效应大小可知，东部地区为0.5595，高于中部地区的0.1117和西部地区的0.1344，表明东部地区人力资本质量对经济增长质量的提升作用受财政性教育支出的影响显著高于中西部地区。就中介效应占总效应的比重而言，东部地区的比重为50.76%，高于西部地区的36.17%和中部地区的34.67%，说明相比于中部和西部地区，东部地区更依赖人力资本质量来提升经济增长质量，也从侧面反映出东部地区的教育体系更加健全，教育经费配置更加合理，人力资本管理系统更加完善，财政性教育支出通过提高人力资本质量进而提升经济增长质量的效率更高。中部地区比重较低的原因在于：第一，中部地区基础教育财政投入长期处于较低水平，阻碍了人力资本质量提升，进一步限制了其中介效应的发挥。第二，考察各地区人力资本结构的变动趋势发现，2000年东、中、西三大地区大专及以上学历人口占比分别为5.98%、3.44%和3.12%，中部地区的占比高于西部地区，与东部地区相差2.54%；2017年，东、中、西部的占比分别为20.56%、12.22%和12.99%，中部地区最低，并且与东部地区的差距扩大到8.34%④。由此可见，在经济发展优势和地区性人才引进政策的吸引下，中部地区部分高质量人力资本流向了其他地区，从而降低了人力资本的中介作用。

表5-4中，Hausman检验结果显示模型（1）、（3）适用于随机效应估计，其余模型适用于固定效应估计。在东部地区的估计结果中，财政性教育支出与人力资本存量的估计系数均显著为正，表明东部地区基于人力资本存

---

① 钱雪亚，缪仁余，胡博文. 教育投入的人力资本积累效率研究——基于随机前沿教育生产函数模型 [J]. 中国人口科学，2014（2）：74-83.
② 孙萌，台航. 基础教育的财政投入与人力资本结构的优化——基于CHIP数据和县级数据的考察 [J]. 中国经济问题，2018（5）：68-85.
③ 该项数据根据历年《中国统计年鉴》、《中国教育经费统计年鉴》计算所得。
④ 数据来源：历年《中国统计年鉴》。

第五章 财政性教育支出影响经济增长质量的路径检验

表 5-3 地区层面人力资本质量中介效应检验结果

变量	东部地区 (1) qe 随机效应	东部地区 (2) hcq 随机效应	东部地区 (3) qe 随机效应	中部地区 (4) qe 固定效应	中部地区 (5) hcq 固定效应	中部地区 (6) qe 固定效应	西部地区 (7) qe 固定效应	西部地区 (8) hcq 随机效应	西部地区 (9) qe 固定效应
edu	1.1023 *** (0.0989)	1.1347 *** (0.0482)	0.5235 *** (0.2076)	0.3222 *** (0.0582)	0.7417 *** (0.0369)	0.2105 * (0.1174)	0.3715 *** (0.0588)	0.7799 *** (0.0364)	0.2374 ** (0.1086)
hcq			0.4931 ** (0.1583)			0.1506 (0.1376)			0.1723 (0.1174)
ef	-0.0170 (0.0274)	-0.0358 *** (0.0118)	0.0001 (0.0273)	-0.0582 *** (0.0199)	-0.0274 ** (0.0126)	-0.0541 *** (0.0202)	-0.0105 (0.0207)	-0.0485 *** (0.0129)	-0.0020 (0.0214)
fdi	-0.0448 *** (0.0083)	0.0093 ** (0.0039)	-0.0389 *** (0.0084)	-0.0184 (0.0227)	0.0085 (0.0144)	-0.0171 (0.0227)	-0.0479 * (0.0294)	0.0097 (0.0184)	-0.0462 (0.0294)
ur	0.1456 * (0.0806)	0.0203 (0.0363)	0.1417 * (0.0795)	-0.3269 *** (0.0979)	0.0639 (0.0621)	-0.3366 *** (0.0982)	0.0138 (0.0929)	0.0771 (0.0575)	0.0007 (0.0930)
popg	0.0080 (0.0310)	-0.0212 (0.0153)	0.0258 (0.0316)	0.0049 (0.0395)	0.0358 (0.0251)	-0.0005 (0.0398)	0.5438 * (0.0321)	-0.0727 *** (0.0192)	0.0671 ** (0.0332)
cons	-7.565 *** (0.8456)	1.4460 *** (0.4060)	-8.1868 *** (0.8715)	-1.1567 *** (0.7130)	3.4850 *** (0.4525)	-1.6816 ** (0.8587)	-3.3738 *** (0.7731)	3.1401 *** (0.5061)	-3.9188 *** (0.8555)
R^2	0.8255	0.8832	0.7669	0.4092	0.8455	0.4146	0.3510	0.8709	0.3758
Obs.	198	198	198	144	144	144	198	198	198
Hausman 检验	4.58	6.05	5.37	31.43 ***	14.01 **	25.56 ***	22.01 ***	3.11	22.15 ***
Sobel 检验			Z=1.09>0.97			Z=1.09>0.97			Z=1.46>0.97
中介效应是否显著		是			是			是	
中介效应大小		0.5595			0.1117			0.1344	
中介效应/总效应		50.76%			34.67%			36.17%	

注：***、**、* 分别代表1%、5%和10%的显著水平，括号内为标准差。

量的中介效应显著，其大小和占比分别为 0.7678 和 69.65%。在中部地区的估计结果中，财政性教育支出影响经济增长质量的总效应为 0.3222，财政性教育支出对人力资本存量的估计系数为 0.7417，二者均通过了显著性检验，但模型（6）中人力资本存量的估计系数未通过显著性检验，需要借助 Sobel 检验以确定中介效应是否显著。检验结果显示中部地区基于人力资本存量的中介效应显著，其大小和占比分别为 0.2085 和 64.71%。在西部地区的估计结果中，财政性教育支出影响经济增长质量的总效应显著为正，且财政性教育支出可以显著促进人力资本存量积累，但人力资本存量的中介效应显著为负，表明西部地区的人力资本存量在财政性教育支出与经济增长质量间存在遮掩效应，即财政性教育支出通过促进人力资本存量积累对经济增长质量产生消极影响。

与人力资本质量的检验结果一致，东部地区基于人力资本存量的中介效应大小仍明显高于中部地区，表明东部地区人力资本存量对经济增长质量的提升作用受财政性教育支出的影响显著高于中部地区。不同的是，东部与中部地区基于人力资本存量的中介效应占比均有所提高，且二者间的差距显著减小，说明相比于人力资本质量，东中部地区更依赖于人力资本存量来提升经济增长质量，二者间的差距显著减小主要是因为中部地区的人力资本存量水平与东部地区较为接近（见图 5-3）。西部地区出现遮掩效应可能是因为：第一，人力资本存量的中介作用存在门槛效应，即当人力资本存量低于一定数值时，其更多地表现为消极的遮掩效应，而高于一定数值时，其主要表现为积极的中介效应。根据图 5-3 可知，西部地区历年的人力资本存量均明显低于东部与中部地区，而人力资本存量长期处于较低水平可能不利于提升经济增长质量。第二，数据显示，西部地区 2000—2017 年第一产业就业人数占比均值为 52.12%，高于东部地区的 26.71% 和中部地区的 43.28%[1]，表明在西部地区内，经财政性教育支出培养出的人力资本存量大量流向了第一产业，这种人力资本分布结构虽然有利于促进第一产业发展，但阻碍了产业结构纵向升级，从而对经济增长结构产生了负面影响。此外，大量人力资本聚集在低次产业也不利于科技创新与技术进步，进而降低了经济增长效率。

---

[1] 数据来源：历年《中国人口和就业统计年鉴》。

第五章 财政性教育支出影响经济增长质量的路径检验

表 5-4 地区层面人力资本存量中介效应检验结果

变量	东部地区			中部地区			西部地区		
	(1) qe 随机效应	(2) hct 固定效应	(3) qe 随机效应	(4) qe 固定效应	(5) hct 固定效应	(6) qe 固定效应	(7) qe 固定效应	(8) hct 固定效应	(9) qe 固定效应
edu	1.1023*** (0.0989)	1.6389*** (0.0834)	1.0218*** (0.0967)	0.3222*** (0.0582)	0.2115*** (0.0073)	0.1138 (0.1574)	0.3715*** (0.0588)	0.1853*** (0.0141)	0.5465*** (0.0804)
hct			0.4685*** (0.1436)			0.9858 (0.6922)			-0.9447*** (0.3031)
ef	-0.0170 (0.0274)	-0.0054 (0.0094)	-0.0072 (0.0271)	-0.0582*** (0.0199)	0.0022 (0.0025)	-0.0604*** (0.0198)	-0.0105 (0.0207)	-0.0171*** (0.0049)	-0.0266 (0.0209)
fdi	-0.0448*** (0.0083)	-0.0212*** (0.0029)	-0.0528*** (0.0081)	-0.0184 (0.0227)	0.0025 (0.0029)	-0.0160 (0.0227)	-0.0479* (0.0294)	-0.0025 (0.0070)	0.0456 (0.0288)
ur	0.1456* (0.0806)	-0.0599** (0.0291)	0.1345* (0.0772)	-0.3269*** (0.0979)	-0.0072 (0.0123)	-0.3199*** (0.0976)	0.0138 (0.0929)	-0.0466** (0.0222)	-0.0303 (0.0918)
popg	0.0080 (0.0310)	0.0167 (0.0136)	-0.0186 (0.0293)	0.0049 (0.0395)	-0.0041 (0.0050)	0.0090 (0.0394)	0.5438* (0.0321)	-0.0084 (0.0077)	0.0464 (0.0315)
cons	-7.565*** (0.8456)	-8.4409*** (0.8119)	-11.3859*** (1.3981)	-1.1567*** (0.7130)	8.3202*** (0.0896)	-9.3586 (5.8031)	-3.3738*** (0.7731)	7.8927*** (0.1847)	4.0822* (2.5089)
R^2	0.8255	0.9060	0.8929	0.4092	0.9184	0.5093	0.3510	0.7551	0.3045
Obs.	198	198	198	144	144	144	198	198	198
Hausman 检验	4.58	80.75***	4.09	31.43***	18.45***	31.21***	22.01***	21.22***	36.24***
Sobel 检验					Z=1.42>0.97				
中介效应或遮掩效应	中介效应				中介效应			遮掩效应	
中介效应大小	0.7678				0.2085				
中介效应/总效应	69.65%				64.71%				

注: ***、**、* 分别代表 1%、5% 和 10% 的显著水平, 括号内为标准差。

第三节 财政性教育影响经济增长质量的滞后效应分析

教育支出作为一种中长期投资，对经济增长的影响存在一定程度的滞后性，这种滞后性主要体现在教育支出形成人力资本的过程中，这是因为从教育经费投入使用到产出可直接从事社会生产的人力资本需要经历一段时间，而时间长短主要取决于不同阶段的教育年限（张海峰等，2010；浦小松，2016；方颖等，2018）。现有大多数研究在实证分析教育支出对经济增长的滞后影响时，主要检验了教育支出滞后项与经济增长间的数量关系，较少考虑教育支出对人力资本的作用过程。然而，在教育支出影响经济增长的过程中，人力资本的形成周期是产生滞后效应的内在原因。因此，本小节将方程（5-1）至方程（5-3）中的当期财政性教育支出替换为不同滞后期的财政性教育支出进行实证检验，以期更加准确地捕捉财政性教育支出通过人力资本影响经济增长质量的滞后效应。

一、人力资本质量的估计结果

表 5-5 报告了以人力资本质量为中介变量的估计结果，其中系数 β_1 为方程（5-1）中财政性教育支出（edu）的估计系数，λ 为方程（5-2）中财政性教育支出（edu）的估计系数，θ 和 β_2 分别为方程（5-3）中人力资本（hc）和财政性教育支出（edu）的估计系数。表中第一列为滞后一期的估计结果，其中系数 β_1、λ、θ 和 β_2 均显著为正，表明当解释变量为滞后一期的财政性教育支出时，基于人力资本质量的中介效应显著，其中介效应大小和占比分别为 0.1507 和 28.73%。第二列为滞后二期的估计结果，其中系数 β_1、λ 和 β_2 均通过了显著性检验，但由于系数 θ 未通过显著性检验，需要进行 Sobel 检验以确定中介效应是否显著。结果显示 Z 统计量大于临界水平 0.97，表明当解释变量为滞后二阶的财政性教育支出时，基于人力资本质量的中介效应仍然显著，其中介效应大小和占比分别为 0.1058 和 17.03%。滞后三期的估计结果未通过 Sobel 检验，因而不存在显著的中介效应。由此可知，在财政性教育支出通过提升人力资本质量进而影响经济增长质量的过程

中存在显著的滞后效应,且滞后期限为两年。与表 5-2 中的估计结果相比,以当期财政性教育支出为解释变量的中介效应大小和占比分别为 0.3078 和 54.37%,说明随着滞后期限的增加,人力资本质量在财政性教育支出与经济增长质量间的中介效应有所衰减。

表 5-5　人力资本质量滞后中介效应的估计结果

系数	(1) 滞后一期	(2) 滞后二期	(3) 滞后三期
β_1	0.5245 *** (0.0478)	0.6214 *** (0.0533)	0.7349 *** (0.0578)
λ	0.9166 *** (0.0245)	0.8806 *** (0.0278)	0.8700 *** (0.0307)
θ	0.1644 * (0.0893)	0.1201 (0.0908)	0.0504 (0.0924)
β_2	0.3738 *** (0.0948)	0.5156 *** (0.0961)	0.6910 *** (0.0990)
Obs.	510	480	450
Sobel 检验		Z = 1.32 > 0.97	Z = 0.54 < 0.97
中介效应是否显著	是	是	否
中介效应大小	0.1507	0.1058	
中介效应/总效应	28.73%	17.03%	

注:①为便于观察,表中未报告控制变量的估计结果;② *** 、* 分别代表 1%、10% 的显著水平,括号内为标准差。

二、人力资本存量的估计结果

表 5-6 报告了以人力资本存量为中介变量的估计结果,在滞后一期和滞后二期的估计结果中,系数 β_1、λ、θ 和 β_2 均显著为正,表明当解释变量为滞后一期和滞后二期的财政性教育支出时,基于人力资本存量的中介效应显著,其中介效应大小分别为 0.2335 和 0.1855,中介效应占总效应的比重分别为 44.52% 和 29.85%。滞后三期的估计结果通过了 Sobel 检验,且中介效应大小和占比分别为 0.1005 和 13.67%。滞后四期的估计结果未通过 Sobel 检验,因而不存在显著的中介效应。由此可知,以人力资本存量为中介变量的

滞后期限为三年。表 5-2 中当期的估计结果显示，人力资本存量的中介效应大小和占比分别为 0.2596 和 45.85%，说明随着滞后期限的增加，人力资本存量在财政性教育支出与经济增长质量间的中介效应也存在一定程度的衰减。

表 5-6　　　　　　　人力资本存量滞后中介效应的估计结果

系数	(1) 滞后一期	(2) 滞后二期	(3) 滞后三期	(4) 滞后四期
β_1	0.5245*** (0.0478)	0.6214*** (0.0533)	0.7349*** (0.0578)	0.8796*** (0.0645)
λ	0.3008*** (0.0095)	0.3102*** (0.0103)	0.3143*** (0.0108)	0.3140*** (0.0116)
θ	0.7764*** (0.2297)	0.5980** (0.2479)	0.3197 (0.2634)	-0.0085 (0.2840)
β_2	0.2908*** (0.0837)	0.4352*** (0.0936)	0.6344*** (0.1009)	0.8823*** (0.1101)
Obs.	510	480	450	420
Sobel 检验			Z=1.21>0.97	|Z|=0.03<0.97
中介效应是否显著	是	是	是	否
中介效应大小	0.2335	0.1855	0.1005	
中介效应/总效应	44.52%	29.85%	13.67%	

注：①为便于观察，表中未报告控制变量的估计结果；② ***、** 分别代表 1%、5% 的显著水平，括号内为标准差。

以上检验结果说明，财政性教育支出在影响经济增长质量的过程中存在显著的滞后效应，且随着滞后期限的增加，人力资本质量和存量在财政性教育支出与经济增长质量间的中介效应均呈现出不同程度的衰减，说明在短期内，财政性教育支出较为依赖人力资本来促进经济增长质量提升，而在中长期内，人力资本在二者间的中介效应逐渐减小。对比不同时期人力资本质量和存量的中介效应发现，虽然当期人力资本质量的中介效应大小和占比大于人力资本存量，但各滞后期的人力资本存量的中介效应大小和占比均大于人力资本质量，且人力资本存量的滞后期限更长，说明虽然人力资本存量的当期中介作用较小，但随着滞后期限的延长，其在财政性教育支出与经济增长质量间的累积中介效应不断增大。

第五章 财政性教育支出影响经济增长质量的路径检验

本章小结

本章利用中国各省级行政区划的样本数据，对财政性教育支出影响经济增长质量的中介效应进行了系统分析，得出以下研究结论。

第一，全国层面存在显著的"财政性教育支出增加—人力资本积累—经济增长质量提高"的内涵式增长路径，并且较高的中介效应占比说明人力资本是财政性教育支出促进经济增长质量提升的重要内生性要素。因此，有效发挥财政性教育支出的经济增长质量效应，不仅取决于教育财政经费的支出规模、配置结构和使用效益，还要注重人力资本激励和管理工作，以更加充分地利用财政性教育支出影响经济增长质量的人力资本传导机制，尤其是在我国人口红利逐渐消失的现实背景和物质资本投资边际收益递减的经济运行规律下，突出人力资本的战略性地位更是转变经济发展方式、转换经济增长动力、促进经济高质量发展的内在要求。

第二，人力资本中介效应存在地区性差异。就人力资本质量中介效应而言，东部地区凭借教育事业发展水平较高、教育经费相对充足、人力资本激励与管理体系较为完善等优势，其中介效应大小和占比均明显高于中西部地区；中部地区由于面临基础教育财政投入偏低、高质量人力资本流失等问题，其中介效应占比略低于西部地区。就人力资本存量中介效应而言，东中部地区的中介效应显著，并且由于东部与中部地区人力资本存量水平较为接近，二者间的中介效应占比差距较小；西部地区则因为人力资本存量水平较低和大量人力资本流向了低次产业，其财政性教育支出经由人力资本存量对经济增长质量产生了消极影响。综合地区层面的估计结果可知，东部地区的中介效应大小与占比较高，更依赖人力资本来提升经济增长质量，而与之对应的是较高的经济增长质量指数，这从侧面印证了基于人力资本的内涵式增长模式有利于提升经济增长质量。对于中西部地区而言，政府需要在加大教育投资力度，优化经费配置结构，提高资金使用效率的前提下，注重人力资本开发与管理，完善人力资本激励机制，在培育人力资本的同时也要留住与引进相应人才，以更好地发挥人力资本在财政性教育支出影响经济增长质量过程中的积极作用，助力本地区经济增长质量提升。

第三，财政性教育支出在影响经济增长质量过程中的时滞性特征显著，以人力资本质量为中介变量的滞后期限为两年，以人力资本存量为中介变量的滞后期限为三年，且人力资本存量在财政性教育支出与经济增长质量间的累积中介效应较大。这说明，一方面，财政性教育支出不仅对经济增长质量产生即期影响，而且是推动经济增长质量提升的长期动力；另一方面，在地方政府财政收支平衡压力日趋严峻的形势下和追求经济数量增长的惯性思维下，投入在教育领域的财政资金不能在当期的经济运行中完全发挥效益可能会降低地方政府教育投入的积极性，从而导致教育经费短缺和政府在教育领域的职能缺位。

第六章

财政性教育支出、空间溢出与经济增长质量

上文的实证分析结果表明财政性教育支出可以有效提升经济增长质量,然而,在人口跨区域流动和地区间贸易往来日趋频繁的现实背景下,教育投入也存在一定程度的空间溢出效应,也就是说,本地区财政性教育支出水平提高不仅会促进辖区内的经济增长质量提升,还可能对邻近地区的经济增长质量产生积极影响。同时,在要素流动成本显著降低和区域经济协调发展战略的推动下,地区间经济增长的空间关联性也逐步增强,因而在财政性教育支出影响经济增长质量的过程中,不仅财政性教育支出存在空间溢出效应,地区间经济增长质量也存在空间互动关系,即邻近地区经济增长质量的变动会对本地区经济增长质量产生影响。此外,近年来我国流动人口规模的增长趋势较为明显,使得人口流动逐渐成为导致财政性教育支出产生空间溢出的重要原因。基于此,本章将利用空间计量方法实证检验财政性教育支出在影响经济增长质量过程中的空间溢出特征,并进一步考察人口流动是否是财政性教育支出空间溢出的主要渠道。

第一节 财政性教育支出与经济增长质量的空间特征

根据空间计量分析的使用规范,在参数估计前需要对主要变量的空间特征进行检验与分析,以初步考察变量是否存在空间相关性以及具体的空间分布态势。本节将利用莫兰指数与吉尔里指数对中国各省市的财政性教育支出和经济增长质量的空间相关性进行检验,并进一步考察二者在局部范围内的

空间集聚特征。

一、财政性教育支出的空间特征

(一) 空间自相关性检验

空间自相关（Spatial Autocorrelation）是指变量在相邻的区域具有相似的观测值，若观测值呈现出低—低聚集或高—高聚集的特征，则为空间正相关；若观测值呈现出低—高集聚的特征，则为空间负相关；若观测值呈现出完全随机分布的态势，则不存在空间自相关。目前较为常用的检验空间自相关性的方法有两种：一是全局莫兰指数（global Moran's I），其测算方法如公式（6-1）所示，其中x_i和x_j分别为地区i和地区j的样本观测值，w_{ij}为空间权重矩阵中的（i,j）元素，S^2为样本方差，$\bar{x}$为样本均值，n为地区个数，本书中的取值为30（西藏和港澳台地区除外）；二是吉尔里指数（Geary's C），也称为吉尔里相邻比率（Geary's Contiguity Ratio），其测算方法如公式（6-2）所示，其中各符号所代表的内容与莫兰指数相同。表6-1报告了全局莫兰指数与吉尔里指数的取值范围以及相对应的检验结果。

$$\text{Moran's I} = \frac{\sum_{i=1}^{n}\sum_{j=1}^{n} w_{ij}(x_i - \bar{x})(x_j - \bar{x})}{S^2 \sum_{i=1}^{n}\sum_{j=1}^{n} w_{ij}} \tag{6-1}$$

$$\text{Geary's C} = \frac{(n-1)\sum_{i=1}^{n}\sum_{j=1}^{n} w_{ij}(x_i - x_j)^2}{2\left(\sum_{i=1}^{n}\sum_{j=1}^{n} w_{ij}\right)\left[\sum_{i=1}^{n}(x_i - \bar{x})^2\right]} \tag{6-2}$$

表6-1　　　　Moran's I 与 Geary's C 的取值范围与检验结果

方法	取值范围	检验结果
全局莫兰指数	-1 < Moran's I < 0	空间负相关
	Moran's I = 0	不存在空间自相关
	0 < Moran's I < 1	空间正相关
吉尔里指数	0 < Geary's C < 1	空间正相关
	Geary's C = 1	不存在空间自相关
	1 < Geary's C < 2	空间负相关

第六章 财政性教育支出、空间溢出与经济增长质量

首先,利用全局莫兰指数与吉尔里指数检验我国2000—2017年30个省市(西藏和港澳台地区除外)人均财政性教育支出的空间自相关性,结果如表6-2所示。可以看出样本期内,Moran's I的检验结果均显著为正,且分布在0.274—0.315;Geary's C的检验结果均显著为正,且分布在0.553—0.600。根据表6-1中相对应的检验结果可知,各省市的人均财政性教育支出在整体上存在显著的空间正相关性,即各省市人均财政性教育支出更多地表现为"高—高集聚"与"低—低集聚"的特征。上述检验结果可初步判定各省市间的财政性教育支出存在空间关联性,具备进行空间计量估计的前提条件,但财政性教育支出在影响经济增长质量时是否存在空间溢出效应,还需要进一步通过模型回归分析来确定。

表6-2　人均财政性教育支出的空间自相关检验结果

年份	Moran's I	Z	Geary's C	Z
2000	0.287***	2.824	0.570***	-2.746
2001	0.289***	2.842	0.568***	-2.759
2002	0.292***	2.864	0.567***	-2.773
2003	0.302***	2.939	0.560***	-2.840
2004	0.305***	2.959	0.558***	-2.856
2005	0.313***	3.018	0.553***	-2.905
2006	0.315***	3.030	0.554***	-2.911
2007	0.314***	3.017	0.558***	-2.894
2008	0.312***	2.985	0.563***	-2.884
2009	0.312***	2.976	0.565***	-2.875
2010	0.313***	2.983	0.566***	-2.881
2011	0.313***	2.972	0.568***	-2.886
2012	0.309***	2.935	0.571***	-2.867
2013	0.301***	2.865	0.579***	-2.819
2014	0.295***	2.812	0.584***	-2.785
2015	0.288***	2.757	0.590***	-2.750
2016	0.282***	2.705	0.595***	-2.716
2017	0.274***	2.642	0.600***	-2.665

注:***、**、*分别代表1%、5%和10%的显著水平,Z为各检验结果的Z统计量。

(二) 空间集聚特征

上文全局莫兰指数的检验结果显示，各省市人均财政性教育支出在整体上存在显著的空间正相关性，但在局部范围内可能存在差异。因此，本部分将利用局部莫兰指数（local Moran's I）所得出的莫兰散点图来进一步考察各省市人均财政性教育支出在局部范围内的空间集聚特征。莫兰散点图共分为四个象限，每一个象限代表一种空间分布态势。第一象限 H—H 代表本地区的样本取值较高，邻近地区的样本取值同样较高；第二象限 L—H 代表本地区的样本取值较低，邻近地区的样本取值较高；第三象限 L—L 代表本地区的样本取值较低，邻近地区的样本取值同样较低；第四象限 H—L 代表本地区的样本取值较高，邻近地区的样本取值较低。

表6-3 报告了各省市代表性年份人均财政性教育支出的空间集聚状况。从整体来看，大部分省市主要集中在第一与第三象限，进一步验证了上文全局莫兰指数的检验结果，即各省市人均财政性教育支出更多地表现为"高—高集聚"与"低—低集聚"的空间正相关分布态势。从各年人均财政性教育支出空间集聚的跨期演进来看，位列第一象限的省份大部分来源于东部地区，表明东部省份的人均财政性教育支出水平普遍较高，且邻近地区的支出水平同样较高。第二象限中，河北、海南和甘肃稳定处于该分区内，一方面说明这三个省份人均财政性教育支出长期处于较低水平，另一方面表明这三个省份与邻近地区支出水平差异较大的情形一直未得到改善。黑龙江、宁夏和辽宁于2008年后陆续加入该分区，其中黑龙江和辽宁由于近年来人均财政性支出的增长趋势有所放缓，明显低于邻近地区，因而由原来的第一象限被划分到第二象限；宁夏由原来的第三象限被划分到第二象限主要是因为近年来邻近地区人均支出的增长幅度较大。位列第三象限的省份主要来源于中部与西部地区，说明大部分中西部省份的人均财政性教育支出水平偏低，且邻近地区的支出水平同样偏低。值得注意的是，处于该分区的省份较为固定，说明对于大多数中西部省份而言，"低—低集聚"的分布态势一直未得到明显改观。第四象限所包含的省份较少，其中广东、新疆和青海稳定处于该分区中，内蒙古于2008年后加入了该分区，说明相比于邻近省份，这些省份的支出水平较高，因而被划分在第四象限中。总体而言，各年份四个象限中省份数量的变动幅度较小，且不同地区人均财政性教育支出的空间集聚特征较为明显。

表 6-3　　　　　　人均财政性教育支出的空间集聚特征

年份	第一象限 H-H	第二象限 L-H	第三象限 L-L	第四象限 H-L
2000	北京、天津、黑龙江、辽宁、吉林、上海、江苏、浙江、福建	河北、海南、甘肃、内蒙古	江西、安徽、四川、河南、广西、贵州、湖南、重庆、湖北、云南、山西、陕西、山东、宁夏	广东、新疆、青海
2004	北京、天津、黑龙江、辽宁、吉林、上海、江苏、浙江、福建、内蒙古	河北、海南、甘肃	江西、安徽、四川、河南、广西、贵州、湖南、重庆、湖北、云南、山西、陕西、山东、宁夏	广东、新疆、青海
2008	北京、天津、辽宁、吉林、上海、江苏、浙江、福建	河北、黑龙江、海南、甘肃、宁夏	江西、安徽、四川、河南、广西、贵州、湖南、重庆、湖北、云南、山西、陕西、山东	广东、新疆、青海、内蒙古
2012	北京、天津、辽宁、吉林、上海、江苏、浙江、福建	河北、黑龙江、海南、甘肃、宁夏	江西、安徽、四川、河南、广西、贵州、湖南、重庆、湖北、云南、山西、陕西、山东	广东、新疆、青海、内蒙古
2017	北京、吉林、天津、上海、浙江、江苏、福建	河北、辽宁、黑龙江、海南、甘肃、宁夏	江西、安徽、四川、河南、广西、贵州、湖南、重庆、湖北、云南、山西、陕西、山东	广东、新疆、青海、内蒙古

资料来源：由莫兰散点图整理得到。

二、经济增长质量的空间特征

（一）空间自相关性检验

不仅人均财政性教育支出存在显著的空间正相关性，地区间经济增长质量也表现出一定的空间相关特征，表6-4报告了2000—2017年30个省市（西藏和港澳台地区除外）经济增长质量空间自相关性的检验结果。可以看出样本期内，Moran's I 的检验结果均显著为正，且分布在 0.386—0.483，Geary's C 的检验结果均显著为正，且分布在 0.390—0.541，说明各省市的经济增长质量在整体上存在显著的空间正相关性，即各省市经济增长质量更多地表现为"高—高集聚"与"低—低集聚"特征。由此可知，在分析财政性教育支出的经济增长质量效应时，有必要将地区间经济增长质量的空间互动关系考虑在内，以得出更加全面且可靠的参数估计结果。

表6-4 经济增长质量的空间自相关检验结果

年份	Moran's I	Z	Geary's C	Z
2000	0.395***	3.459	0.541***	-3.511
2001	0.483***	4.178	0.447***	-4.215
2002	0.451***	3.919	0.479***	-3.975
2003	0.448***	3.881	0.448***	-4.231
2004	0.446***	3.865	0.462***	-4.131
2005	0.452***	3.915	0.451***	-4.204
2006	0.433***	3.778	0.457***	-4.119
2007	0.469***	4.078	0.401***	-4.525
2008	0.467***	4.066	0.390***	-4.58
2009	0.449***	3.924	0.428***	-4.279
2010	0.414***	3.709	0.442***	-4.004
2011	0.449***	4.002	0.413***	-4.189
2012	0.444***	3.911	0.431***	-4.193
2013	0.404***	3.561	0.463***	-4.016
2014	0.417***	3.678	0.477***	-3.894
2015	0.406***	3.624	0.496***	-3.657
2016	0.433***	3.897	0.433***	-3.998
2017	0.386***	3.62	0.443***	-3.678

注：*** 代表1%的显著水平，Z 为各检验结果的 Z 统计量。

（二）空间集聚特征

表6-5 给出了各省市代表性年份经济增长质量的空间集聚特征。从整体来看，与经济增长质量全局莫兰指数的检验结果相符，大部分省市集中在第一与第三象限，说明各省市经济增长质量更多地表现为"高—高集聚"与

"低—低集聚"的空间正相关分布态势。从各年经济增长质量空间集聚的跨期演进来看，第一象限中的省份大部分来源于东部地区，比较符合大部分东部省份经济增长质量较高的现实状况。第二象限中的省份数量较少，其中安徽和河北稳定处于该分区中，这两个省份的共同特点是本身的经济增长质量不高，但邻近地区的经济增长质量较高，如与河北邻近的高质量省份有北京、天津、山东和辽宁，与安徽邻近的高质量省份有江苏、浙江和山东，因而被划分在"低—高集聚"区域。江西则由于近年来经济增长质量的提升幅度低于邻近地区，从原来的第一象限被划分到第二象限。第三象限中的中西部省份较多，且处于该分区的省份较为固定。从上文的测算结果来看，大多数中西部省份的经济增长质量长期处于较低水平，因而更多地表现为"低—低集聚"的分布态势。出现在第四象限中的省份有黑龙江、辽宁、广东、山东、内蒙古、河南、山西和吉林，其中广东和山东稳定处于该分区内，其他省份则在不同分区间摇摆，说明对于广东和山东而言，其经济增长质量长期高于邻近省份；对于其他省份而言，其经济增长质量的变动大于邻近省份，因而在各分区间摇摆。总体而言，大部分东部省份的经济增长质量高于中西部省份，且各地区存在明显的区域集聚特征。

表6-5　　　　　　　　经济增长质量的空间集聚特征

年份	第一象限 H-H	第二象限 L-H	第三象限 L-L	第四象限 H-L
2000	北京、天津、吉林、上海、浙江、江苏、山东、广东、福建、海南、江西	河北、安徽	山西、内蒙古、河南、湖北、湖南、重庆、四川、贵州、云南、广西、陕西、甘肃、青海、宁夏、新疆	黑龙江、辽宁
2004	北京、天津、辽宁、吉林、黑龙江、上海、浙江、江苏、福建、江西	河北、安徽、海南	山西、河南、湖北、湖南、重庆、四川、贵州、云南、广西、陕西、甘肃、青海、宁夏、新疆	广东、山东、内蒙古
2008	北京、天津、内蒙古、辽宁、吉林、黑龙江、上海、浙江、江苏、福建、江西、海南	河北、安徽	湖北、湖南、重庆、四川、贵州、云南、广西、陕西、甘肃、青海、宁夏、新疆	广东、山东、河南、山西

续表

年份	第一象限 H-H	第二象限 L-H	第三象限 L-L	第四象限 H-L
2012	北京、天津、辽宁、吉林、黑龙江、上海、浙江、江苏、福建、海南	河北、安徽、江西	山西、河南、湖北、湖南、重庆、四川、贵州、云南、广西、陕西、甘肃、青海、宁夏、新疆	广东、山东、内蒙古
2017	北京、天津、上海、浙江、江苏、福建、海南	河北、安徽、江西	山西、内蒙古、辽宁、河南、湖南、湖北、重庆、四川、贵州、云南、广西、陕西、甘肃、青海、宁夏、新疆	广东、山东、吉林、黑龙江

资料来源：由莫兰散点图整理得到。

第二节 研究设计

一、空间计量模型设定

按照空间效应表现方式的区别，空间计量模型分为空间自回归模型（SAR）、空间误差模型（SEM）和空间杜宾模型（SDM），其中空间杜宾模型同时将解释与被解释变量的空间滞后项考虑在内，可以更为全面地估计面板数据的空间溢出效应。同时，上文的相关分析指出，不仅财政性教育支出存在显著的空间自相关性，各地区经济增长质量也呈现出一定程度的空间关联特征。因此，本章采用空间杜宾模型来检验财政性教育支出在影响经济增长质量时的空间溢出效应，具体模型如公式（6-3）所示：

$$qe_{it} = \beta_1 \sum_{j=1,j\neq i}^{n} W_{ij} qe_{j,t} + \theta_1 edu_{i,t} + \lambda_1 Z_{i,t} + \gamma_1 \sum_{j=1,j\neq i}^{n} W_{ij} edu_{j,t} + \mu_1 \sum_{j=1,j\neq i}^{n} W_{ij} Z_{j,t} + d_i + t_i + \varepsilon_{i,t} \qquad (6-3)$$

上文理论分析指出人口流动可能是财政性教育支出空间溢出的主要渠道，为检验此理论假设，本章借鉴宋丽颖和张伟亮（2018）的相关研究[①]，在公

[①] 宋丽颖，张伟亮. 财政支出对经济增长空间溢出效应研究［J］. 财政研究，2018（3）：31-41.

式（6-3）的基础上引入人口流动和人口流动与财政性教育支出的交互项，具体模型如公式（6-4）所示：

$$qe_{it} = \beta_2 \sum_{j=1,j\neq i}^{n} W_{ij}qe_{j,t} + \theta_2 edu_{i,t} + \theta_3 flow + \theta_4 edu \times flow + \lambda_2 Z_{i,t}$$

$$+ \gamma_2 \sum_{j=1,j\neq i}^{n} W_{ij}edu_{j,t} + \gamma_3 \sum_{j=1,j\neq i}^{n} W_{ij}flow + \gamma_4 \sum_{j=1,j\neq i}^{n} W_{ij}edu \times flow$$

$$+ \mu_2 \sum_{j=1,j\neq i}^{n} W_{ij}Z_{j,t} + d_i + t_i + \varepsilon_{i,t} \tag{6-4}$$

在公式（6-3）与公式（6-4）中，i 代表地区，t 代表时期，qe 为经济增长质量，edu 为人均财政性教育支出，flow 为人口流动，edu × flow 为人均财政性教育支出与人口流动的交互项，Z 为一组影响经济增长质量的控制变量，d 和 t 分别代表个体和时间效应，ε 为回归残差项。W 是 n×n 维空间权重矩阵，本书选取空间邻接矩阵，若地区 i 与地区 j 具有共同边界，则矩阵元素 w_{ij} 取值为 1，若地区 i 与地区 j 不具有共同边界，则矩阵元素 w_{ij} 取值为 0。海南省与其他省份均不存在共同边界，但实践中一般不将其作为孤岛处理，因而设定海南省与广东省相邻，这也是实证分析中的通行做法。系数 θ_1、θ_2、θ_3、θ_4、λ_1、λ_2 代表本地区的相关变量对被解释变量的影响，系数 β_1、β_2、γ_1、γ_2、γ_3、γ_4、μ_1、μ_2 代表邻近地区的相关变量通过空间相关性对本地区被解释变量的影响。其中，γ_1 可检验财政性教育支出在影响经济增长质量时是否存在空间溢出效应；β_1 可检验邻近地区经济增长质量的变动对本地区经济增长质量的影响；γ_4 可检验人口流动是否是财政性教育支出空间溢出的主要渠道，若估计结果通过了显著性检验，表明人口流动是财政性教育支出空间溢出的主要渠道，进一步，估计系数显著为正，说明人口流动对溢出效应具有增强作用，估计系数显著为负，说明人口流动对溢出效应具有削弱作用。

二、变量与数据说明

第一，被解释变量。被解释变量为中国各省级行政单位的经济增长质量，采用第二章测算出的经济增长质量指数。

第二，解释变量。解释变量包括人均财政性教育支出和人口流动与人均财政性教育支出的交互项。关于人口流动的测度,本书借鉴林里升和王晔倩(2006)[①]的做法,采用剥离人口自然增长因素的人口机械增长率予以衡量,具体测算方法如公式(6-5)所示:

$$\text{flow}_{i,t} = \frac{\text{pop}_{i,t}(1-\text{popg}_{i,t})-\text{pop}_{i,t-1}}{\text{pop}_{i,t}} \quad (6-5)$$

其中,i 和 t 分别代表地区与时期,flow 代表人口流动,pop 代表人口总数,popg 代表人口自然增长率。

第三,控制变量。市场化程度(mar),市场化程度的提高可以有效提升资源配置效率、促进良性竞争、降低交易成本,从而有利于经济高质量增长。外贸依存度(mod),进口贸易可以引进先进技术与设备,为经济结构转型与升级提供必要的技术支持,但较高的外贸依存度也会在一定程度上增加宏观经济运行的外部风险与下行压力,从而对经济增长质量产生负面影响。基础设施水平(inf),一方面,基础设施是经济发展的基础条件,对地区经济增长具有决定性作用;另一方面,政府可以通过提高基础设施水平改善企业的投资与经营环境,为当地政府争取更多流动性生产要素,因而邻近地区基础设施水平的提高可能会导致本地区生产要素外流,从而对本地区的经济增长质量产生负面影响。企业规模(sca),企业规模是企业竞争力的重要体现,企业规模较大可以通过范围经济与规模经济获得额外收益,从而有效提高经济增长效率。R&D 投资(rd)是促进技术进步的主要资金来源,因而也是影响经济增长质量的重要因素之一。

以上变量的时间跨度为 2000—2017 年,其中财政性教育支出数据来源于《中国教育经费统计年鉴》,研究与试验发展经费内部支出数据来源于《中国科技统计年鉴》,其余数据均来源于《中国统计年鉴》,包含价格信息的数据均以 2000 年为基期进行了价格调整。此外,为防止共线性对模型估计造成偏误,对交互项数据进行了中心化处理,同时为消除可能存在的异方差问题,对人均财政性教育支出数据进行了对数处理。各变量的测算方法与描述性统计如表 6-6 所示。

---

① 林理升,王晔倩. 运输成本、劳动力流动与制造业区域分布 [J]. 经济研究,2006(3):115-125.

表 6-6　　　　　　　　　　变量描述性统计

变量	测算方法	平均值	标准差	最大值	最小值
经济增长质量（qe）	见第三章	5.21E-08	0.94	4.67	-2.36
人均财政性教育支出（edu）	财政性教育支出总量/人口总数	6.29	0.79	8.72	4.70
人口流动（flow）	见公式（6-6）	0.23	1.51	14.96	-8.28
市场化程度（mar）	非国有控股工业企业主营业务收入/规模以上工业企业主营业务收入	0.55	0.21	0.90	0.10
外贸依存度（mod）	进出口总额/地区生产总值	0.31	0.38	1.72	0.02
基础设施水平（inf）	地区公路里程/行政区划面积	0.70	0.47	2.10	0.02
企业规模（sca）	地区工业总产值/规模以上工业企业个数	0.75	0.50	2.97	0.15
R&D 投资（rd）	研究与试验发展经费内部支出/地区生产总值	1.29	1.04	6.01	0.15

第三节　财政性教育支出影响经济增长质量的空间溢出效应分析

一、基准回归分析

首先采用省级层面的面板数据对公式（6-3）进行估计，以检验财政性教育支出在影响经济增长质量时的空间溢出特征，估计结果如表6-7所示。在进行参数估计前，应对模型进行相关检验，以确定模型所适用的估计方法。表中Hausman检验结果显示模型适用固定效应估计。Wald检验结果显示模型同时拒绝了将其简化为空间自回归模型或空间误差模型，因而可以采用空间杜宾模型进行估计。从核心变量的估计结果来看，解释变量的估计系数为0.6510，且在1%的水平下显著，说明提高本地区财政性教育支出水平可以有效促进辖区内经济增长质量提升。空间滞后解释变量的估计系数为0.4490，且在1%的水平下显著，说明邻近地区财政性教育支出水平提高会对本地区经济增长质量产生正向影响。同理,本地区的财政性教育支出也会对邻近地区的经济增长质量产生正向推动作用。综上可知,财政性教育支出存在显著的空间溢出效应,本地区财政性教育支出水平的提高会同时促进本地区与邻近地区的经济高质量增长。空间滞后被解释变量的估计系数为 0.1783,且在 1% 的水平下显著,说明在财政性教育支出影响经济增长质量的过程中,地区间经济增长质量也存在显著的空间依存关系,邻近地区经济增长质量的提升会促进本地区经济高质量增长。

空间杜宾模型将变量的空间滞后因子引入模型中,解释变量与控制变量的估计系数不能代表其对被解释变量的边际影响,需要进一步计算各变量的直接效应、间接效应与总效应,以更加准确地解释变量间的数量关系 (Lesage 和 Pace,2009)[①]。就解释变量而言,其直接效应、间接效应与总效应的估计结果均通过了显著性检验,其中直接效应与间接效应占总效应的比重分别为 50.98% 和 49.02%,间接效应的占比几乎接近一半,说明财政性教育支出在影响经济增长质量时不仅存在空间溢出效应,且溢出效应的强度较高,这实际上揭示了地方政府缺乏教育投资积极性的一个重要原因,因为地方政府可以同时享受到来自本地区与其他地区的教育财政投资,即其他地区的财政性教育支出会在一定程度上替代本地区的财政性教育支出,从而出现"搭便车"行为。除此之外,地方政府间还存在"竞争效应",本地区的财政性教育支出规模会影响邻近地区的财政性教育支出规模 (Keen 和 Marchand,1997[②];李世刚和尹恒,2012)。假设要素可以自由流动,公共教育支出与其他生产性公共支出存在非此即彼的互动关系,如果地方政府可享受来自其他地区的教育财政投资,那么当地政府会适当削减公共教育支出,将更多资金配置到可提升地区竞争力的生产性公共支出上,邻近地区的生产要素为获得更好的公共服务,会流入本地区;此时,邻近地区为防止资本外流,同样会采取削减公共教育支出,增加生产性公共支出的策略行为,最终会导致政府间在公共教育支出上的竞次行为。因此,财政性教育支出空间溢出效应和政府间竞争效应的双重作用会导致地方政府在教育领域的投入不足。

在控制变量方面,市场化程度 (mar) 在 (1) 至 (5) 列的估计系数均

---

① Lesage J. Pace R. K. Introduction to Spatial Econometrics [M]. Boca Raton: CRC Press, 2009.

② Keen M., Marchand M. Fiscal Competition and the Pattern of Public Spending [J]. Journal of Public Economics, 1997, 66 (1): 33 - 53.

显著为正，说明无论是本地区还是邻近地区，市场化程度的提高均有利于提高经济增长质量。外贸依存度（mod）在（1）至（5）列的估计系数显著为负，上文指出外贸依存度对经济增长质量存在两种方向相反的作用力，其估计系数显著为负则说明施加的负向影响大于正向影响。基础设施水平（inf）的估计系数在（1）至（3）列中显著为正，意味着本地区基础设施水平的提高可以有效推动辖区内经济高质量增长；与此同时，基础设施水平空间滞后项的系数显著为负，表明邻近地区基础设施水平的提高会导致流动性生产要素迁出，从而对本地区的经济增长质量产生负面影响。各列中企业规模（sca）的估计系数均显著为正，符合理论预期，随着企业规模扩大，其抵御风险和承担亏损的能力会提升；同时，企业规模的扩大可以有效促进生产效率提高、生产成本降低，从而有利于经济高质量增长。R&D投资（rd）的估计系数除（2）列外均显著为正，R&D投资是推动技术进步与提高知识存量的重要资金来源，研发活动能够促进产品创新、提高产出效率和改善居民福利水平（郑钦月等，2018）[1]，因而对提升经济增长质量具有积极贡献。

表6-7　　财政性教育支出影响经济增长质量的空间杜宾模型（SDM）估计结果

变量	Main （1）	空间滞后项 （2）	直接效应 （3）	间接效应 （4）	总效应 （5）
edu	0.6510*** (0.0618)	0.4490*** (0.1128)	0.6771*** (0.0621)	0.6511*** (0.1060)	1.3282*** (0.1114)
mar	0.0115*** (0.0013)	0.0171*** (0.0025)	0.0122*** (0.0012)	0.0222*** (0.0025)	0.0344*** (0.0029)
mod	-0.1494* (0.0909)	-0.4037*** (0.1207)	-0.1632* (0.0919)	-0.4912*** (0.1419)	-0.6544*** (0.1822)
inf	0.3195*** (0.0835)	-0.2364* (0.1417)	0.3069*** (0.0754)	-0.1993 (0.1433)	0.1076 (0.1209)
sca	0.1903*** (0.0588)	0.5189*** (0.1112)	0.2139*** (0.0578)	0.6523*** (0.1238)	0.8662*** (0.1391)

---

[1] 郑钦月，王铮，刘昌新，等. 研发投资对经济增长影响——基于异质性研发部门的动态CGE分析[J]. 中国软科学，2018（11）：31-40.

续表

变量	Main (1)	空间滞后项 (2)	直接效应 (3)	间接效应 (4)	总效应 (5)
rd	0.0053*** (0.0013)	0.0023 (0.0020)	0.0055*** (0.0013)	0.0039* (0.0022)	0.0094*** (0.0025)
qe		0.1783*** (0.0630)			
组内 R^2	0.7950	σ^2	0.1206***	Obs.	540
时间固定效应	控制				
地区固定效应	控制				
Wald 检验-SAR	1151.71***				
Wald 检验-SEM	885.55***				
Hausman 检验	55.94***				

注：***、*分别代表1%、10%的显著水平，括号内为标准差。

二、分时段回归分析

从我国财政性教育支出规模的变动趋势来看，2012年财政性教育支出占GDP的比重首次突破了4%，并在此后几年一直稳定在4%以上。支出水平的提高是否会对财政性教育支出的空间溢出效应有所影响，是值得进一步探究的问题。对研究样本进行划分也可以检验模型估计的稳健性。因此，本书以2012年作为分隔点，将样本数据划分为两个时间段，以考察不同时间段财政性教育支出影响经济增长质量的空间溢出效应，估计结果如表6-8所示。

表中两个时间段的Hausman与Wald检验结果显示采用双固定效应的空间杜宾模型进行估计可以得到更优的结果。在2000—2011年的估计结果中，解释变量edu的估计系数均显著为正，其中直接效应与间接效应占总效应的比重分别为48.96%和51.04%。在2012—2017年的估计结果中，解释变量edu的估计系数同样显著为正，其中直接效应与间接效应占总效应的比重分别为59.32%和40.68%。将两个时段的估计结果进行对比发现，随着支出水平提高，教育财政投入影响经济增长质量的总效应有所上升，但间接效应占总效应的比重略有下降，这是因为人口流动是导致财政性教育支出存在空间溢出的主要原因，而在2000—2011年，我国流动人口数量的增长幅度较大，由 2000 年的 1.21 亿人增长到 2011 年的 2.30 亿人，年平均增长 7.87%，流动人口规模的大幅增长使得教育财政投入的空间溢出效应较为明显，因而间接效应占总效应的比重较高。此外，不同时间段的估计结果均显示财政性教育支出水平的提高不仅可以促进本地区经济增长质量提升，还可以推动邻近地区经济高质量增长，说明上文的估计结果较为稳健。

表6-8　分时段财政性教育支出影响经济增长质量的空间杜宾模型（SDM）估计结果

变量	2000—2011 年			2012—2017 年		
	直接效应	间接效应	总效应	直接效应	间接效应	总效应
edu	0.5105*** (0.0736)	0.5321*** (0.1159)	1.0426*** (0.1200)	1.0608*** (0.1059)	0.7275*** (0.2134)	1.7883*** (0.2065)
mar	0.0127*** (0.0014)	0.0187*** (0.0027)	0.0314*** (0.0031)	0.0118*** (0.0020)	0.0355*** (0.0054)	0.0473*** (0.0063)
mod	-0.0375 (0.1087)	-0.3144** (0.1579)	-0.3519* (0.1966)	-0.4434** (0.1855)	0.0007 (0.3622)	-0.4427 (0.3921)
inf	0.1700 (0.1059)	0.1561 (0.1865)	0.3261** (0.1529)	0.4650*** (0.0962)	-0.7969*** (0.2220)	-0.3318* (0.1957)
sca	0.2418*** (0.0665)	0.7242*** (0.1338)	0.9660*** (0.1533)	0.0385 (0.1042)	0.7375*** (0.2613)	0.7761*** (0.2648)
rd	0.0164 (0.0109)	-0.0296 (0.0181)	-0.0132 (0.0192)	0.0018** (0.0008)	0.0001 (0.0014)	0.0018 (0.0015)
组内 R^2	0.6298			0.6312		
σ^2	0.1138***			0.0919***		
Obs.	360			180		
时间固定效应	控制			控制		
地区固定效应	控制			控制		
Wald 检验-SAR	721.45***			632.19***		
Wald 检验-SEM	328.23***			301.98***		
Hausman 检验	38.15***			23.12***		

注：***、**、* 分别代表 1%、5% 和 10% 的显著水平，括号内为标准差。

三、财政性教育支出空间溢出效应的路径检验

以上实证分析结果表明财政性教育支出在影响经济增长质量时存在显著的空间溢出效应,即本地区的财政性教育支出不仅可以有效促进本地区的经济增长质量提升,还可以对邻近地区的经济增长质量产生正向效应。根据本书的理论分析,人口流动和贸易往来是导致教育财政支出存在空间溢出效应的内在原因,但由于教育经费中资本性支出所占的比重较低,因而贸易往来对财政性教育支出空间溢出效应的贡献较小,此外,目前尚缺乏省际贸易往来的相关统计数据(徐现祥和李郁,2012[①]),关于教育经费中资本性支出的贸易往来数据更加难以获得。因此,本章将人口流动以及财政性教育支出与人口流动的交互项引入模型,以考察人口流动是否是财政性教育支出空间溢出的主要渠道,具体估计结果如表6-9所示。

表6-9　　财政性教育支出空间溢出效应的路径检验结果

变量	Main	空间滞后项	直接效应	间接效应	总效应
	(1)	(2)	(3)	(4)	(5)
edu	0.7153*** (0.0637)	0.4130*** (0.1149)	0.7417*** (0.0635)	0.6404*** (0.1122)	1.3820*** (0.1105)
flow	-0.0431*** (0.0134)	-0.0089 (0.0204)	-0.0428*** (0.0130)	-0.0208 (0.0224)	-0.0637** (0.0260)
edu×flow	-0.0232 (0.0142)	0.0473* (0.0279)	-0.0219 (0.0136)	0.0518* (0.0315)	0.0298 (0.0321)
mar	0.0113*** (0.0013)	0.0178*** (0.0025)	0.0122*** (0.0012)	0.0236*** (0.0026)	0.0358*** (0.0030)
mod	-0.1063 (0.0922)	-0.3348*** (0.1235)	-0.1256 (0.0866)	-0.4243*** (0.1434)	-0.5499*** (0.1799)
inf	0.3584*** (0.0836)	-0.2825* (0.1462)	0.3518*** (0.0786)	-0.2549 (0.1658)	0.0969 (0.1339)

[①] 徐现祥,李郁. 中国省际贸易模式:基于铁路货运的研究[J]. 世界经济,2012,35(9):41-60.

续表

变量	Main (1)	空间滞后项 (2)	直接效应 (3)	间接效应 (4)	总效应 (5)
sca	0.1870*** (0.0584)	0.5803*** (0.1128)	0.2133*** (0.0582)	0.7231*** (0.1404)	0.9363*** (0.1592)
rd	0.0045*** (0.0013)	0.0024 (0.0019)	0.0046*** (0.0013)	0.0038* (0.0022)	0.0084*** (0.0022)
qe		0.1778*** (0.0628)			
组内 R^2	0.7941	σ^2	0.1172***	Obs.	540
时间固定效应	控制				
地区固定效应	控制				
Wald 检验 – SAR	1277.81***				
Wald 检验 – SEM	881.95***				
Hausman 检验	54.01***				

注：***、**、*分别代表1%、5%和10%的显著水平，括号内为标准差。

表中 Hausman 检验结果显示模型适用固定效应估计，Wald 检验在1%的水平下拒绝了将模型简化为空间自回归模型或空间误差模型，因而仍需采用双固定效应的空间杜宾模型进行参数估计。观察表中的估计结果可知，首先，解释变量 edu 的估计系数在（1）至（5）列中均显著为正，被解释变量空间滞后项的估计系数显著为正，说明在纳入人口流动因素后，本地区财政性教育支出水平提高依然可以有效促进本地区与邻近地区经济高质量增长，并且地区间经济增长质量仍然存在显著的空间互动关系，即邻近地区经济增长质量的提升会促进本地区经济高质量增长。其次，各控制变量的显著性与符号与表6-7中的结果高度一致，此处不再赘述。最后，考察人口流动与财政性教育支出交互项的估计系数，这也是本小节关注的主要问题。结果显示，交互项的空间滞后项与间接效应均通过了显著性检验，表明人口流动是财政性教育支出空间溢出的主要渠道，估计系数为正则说明人口流动对溢出效应具有增强作用。

本章小结

本章将地区间的空间关联性考虑在内，利用2000—2017年中国省级层面的面板数据，首先检验与分析了各省市财政性教育支出与经济增长质量的空间特征，进一步运用空间杜宾模型实证研究了财政性教育支出对经济增长质量的影响，得出的主要结论如下。

第一，中国各省市间人均财政性教育支出与经济增长质量均存在显著的空间正相关性，即二者在整体空间范围内更多地表现为"高—高集聚"与"低—低集聚"的分布态势。进一步对局部范围内的空间分布状况进行考察发现，各地区人均财政性教育支出与经济增长质量均表现出明显的空间集聚特征，且落入第一与第三象限的省份数量较多。

第二，财政性教育支出在影响经济增长质量时存在显著的空间溢出效应，即本地区政府教育投入不仅可以促进辖区内的经济增长质量提升，还可以对邻近地区的经济增长质量产生正向效应。并且，财政性教育支出外溢效应和政府间竞争效应的双重作用是削弱地方政府教育投资积极性的内在原因，最终导致教育财政投入不足。此外，在财政性教育支出影响经济增长质量的过程中，地区间经济增长质量也存在一定的空间依存关系，邻近地区经济增长质量的提升会显著推动本地区经济高质量增长。

第三，以财政性教育支出突破"4%目标"的2012年作为分隔点，对样本数据进行了分时段回归。估计结果显示，在支出水平较高的第二时段，教育财政投入影响经济增长质量的总效应较大，但间接效应占总效应的比重略小于第一时段，这主要是因为在2000—2011年，全国流动人口规模的增长幅度较大，使得以人口流动形式造成的空间溢出较为明显，因而此时段间接效应占总效应的比重较高。

第四，通过引入人口流动以及财政性教育支出与人口流动的交互项，对财政性教育支出空间溢出效应的主要路径进行了检验。结果显示，人口流动是财政性教育支出空间溢出的主要渠道，并且人口流动对溢出效应具有增强作用。

第七章

优化财政性教育支出促进经济高质量增长的政策建议

第一节 优化财政性教育支出结构，完善教育财政管理体制

一、优化财政性教育支出地区结构，完善转移支付制度

教育财政经费在地区间的合理配置对促进教育事业均衡发展、推动公共教育服务均等化以及缩小地区间经济增长质量差距的意义重大。相比于东部地区，中西部地区的教育投入水平较低，教育事业发展相对滞后。上文的实证分析结果也表明，东部地区凭借教育经费较为充足、教育体系更加完善等优势，其财政性教育支出对提升经济增长质量的作用较强。因此，为缩小地区间教育财政投入水平与经济增长质量差距，国家可以从以下方面提高对中西部地区的支持力度：一是要继续加大东部对中西部地区的教育援助力度，如支援教育设备、委派优秀教师、提供免费书本等，以改善地区间教育资源非均衡配置的状况。二是国家应进一步完善以平衡地区财力为目标的均衡性转移支付制度，以弥补中西部地区的财力缺口，缓解当地政府的教育支出压力。三是中央政府应进一步完善以缩小地区间教育投入差距为目标的教育转移支付制度。

教育转移支付是弥补中西部地区教育经费缺口，推动教育事业均衡发展的主要途径，具体而言，完善教育转移支付制度可以从以下方面入手。在教育转移支付对象方面，教育转移支付要重点支持"两低一高"地区，即经济

增长质量低，人均财政性教育支出低，财政性教育支出占GDP的比重高。重点支持此类地区的原因在于，一方面，若某一地区的人均财政性教育支出较低，财政性教育支出占GDP的比重较高，则说明该地区政府教育投入的实际水平较低，中央政府需要对其提供教育转移支付予以支持。另一方面，财政性教育支出规模与经济增长质量的非线性回归结果表明，政府投入在教育领域的资金过多会挤占其他公共服务领域的财政投入，从而不利于提升经济增长质量，因而对于财政性教育支出占GDP比重较高且人均支出水平较低的地区，当地政府增加教育投入的空间较小，需要通过中央政府的转移支付来解决其教育经费短缺的问题。基于上述思路并结合表7-1中的相关数据，目前教育转移支付应重点支持的省市为甘肃、陕西、广西、云南、江西和山西。在教育转移支付模式方面，中央政府应建立有条件的转移支付模式，这种条件主要体现在两个方面：一是中央政府在提供教育转移支付资金时应要求地方政府根据自身财力状况配套一定比例的教育财政经费，其中教育经费较为充足的东部省份的配套比例应高于中西部省份，这样不仅有利于弥补中西部地区的教育经费缺口，还可以在一定程度上避免地方政府在接受转移支付时的"等靠要"行为。二是中央政府在安排教育转移支付时，可以将地方政府对教育事业的重视程度作为中央政府提供教育转移支付的参考依据，这种重视程度可以用地方政府教育财政投入占地区生产总值的比重衡量，该占比越高，说明其对教育事业的重视程度越高。从目前各地区教育财政支出的现状来看，教育财政投入占地区生产总值比重较高的省份绝大部分位于中西部地区，这些省份对教育的重视程度较高，但又面临着教育经费短缺的问题，中央政府在安排教育转移支付时可以适当向这些省份倾斜，以缩小地区间教育投入差距。

表7-1　　各省市财政性教育支出与经济增长质量状况

省份	经济增长质量	人均财政性教育支出（元/人）	财政性教育支出占GDP的比重（%）	省份	经济增长质量	人均财政性教育支出（元/人）	财政性教育支出占GDP的比重（%）
北京	4.2205	8633.72	5.62	河南	0.9580	1993.42	3.83
天津	3.3853	3916.89	4.57	湖北	1.1597	2268.49	3.19
河北	0.8383	1928.78	4.49	湖南	1.0932	1894.92	3.60
山西	0.0549	2027.38	4.72	广东	2.0435	2893.30	3.28

续表

省份	经济增长质量	人均财政性教育支出（元/人）	财政性教育支出占GDP的比重（%）	省份	经济增长质量	人均财政性教育支出（元/人）	财政性教育支出占GDP的比重（%）
内蒙古	0.5658	2726.26	4.28	广西	0.1887	2135.80	5.36
辽宁	1.0577	1953.54	3.62	海南	1.2526	3280.01	6.24
吉林	1.5637	2303.06	5.53	重庆	1.1547	2830.84	4.07
黑龙江	1.5601	1954.77	5.74	四川	0.7621	2154.44	4.19
上海	4.6717	5358.01	3.61	贵州	0.1823	2980.89	6.99
江苏	1.6333	3021.39	2.61	云南	0.2698	2636.72	6.10
浙江	1.8113	3221.92	3.19	陕西	0.5643	2678.83	4.32
安徽	0.7651	2040.97	3.79	甘肃	0.3786	2643.18	8.60
福建	1.7941	2666.76	2.72	青海	0.3770	4009.40	8.80
江西	1.0498	2375.98	4.86	宁夏	0.0240	3037.24	5.95
山东	1.3975	2229.87	3.36	新疆	0.3207	3932.77	7.64

资料来源：人均财政性教育支出、财政性教育支出占GDP比重依据《中国统计年鉴2019》、《中国教育经费统计年鉴2019》相关数据计算而得，经济增长质量由本书测算得出。

二、调整财政性教育支出层级结构

近年来，国家为推动基础教育事业发展，逐步加大了对基础教育的财政投入力度，并取得了一定成效，如2006年开始实行全国范围的免费义务教育，2015年开始提供城乡统一的"两免一补"政策等。然而，通过上文的比较分析可知，与其他国家相比，现阶段我国财政性教育支出层级结构的合理性仍然不足，基础教育所占比重较低，高等教育所占比重偏高。同时，上文财政性教育支出结构与经济增长质量的实证分析结果表明，投入在不同层级的教育财政经费对经济增长质量的贡献存在差异，初等与中等教育财政投入促进经济高质量增长的效应较强，且偏向于高等教育的财政配置结构不利于提升经济增长质量。因此，需要对各级教育的财政投入比例进行适当调整，加大对基础教育的财政投入力度，适当降低高等教育财政投入占比。

加大对基础教育的财政投入力度。就我国目前教育财政投入的现实状况而言，由于国家为全体公民提供免费义务教育，因而政府对义务教育经费的负担比例较高,数据显示,近几年义务教育阶段财政投入占总投入的比重基本维持在95%左右。因此,加大对学前教育和高中教育的财政投入力度是支持基础教育发展的主要任务。就学前教育而言,国家于2010年颁布的《关于当前发展学前教育的若干意见》指出,政府要在发展学前教育中占据主导地位,但从教育资金投入的实际状况看,目前政府对学前教育的投入力度仍然较低,学前教育阶段的财政投入占比甚至略低于非财政投入占比[①]。应进一步提高政府对学前教育的重视程度,加大政府负担学前教育经费的比重,提高对学前教育的财政补助标准与覆盖范围。在高中教育方面,加大财政投入力度应从提高中央政府的支出责任入手,这主要是因为目前高中教育阶段中央和地方政府的财政投入比例大致为2∶8,中央政府的负担比重较低,而在地方政府投入规模不变的条件下,加强中央政府的投入责任可以在一定程度上提高对高中教育的财政投入份额。此外,目前我国教育转移支付主要集中在义务教育和高等教育,未来应逐步提高中央政府对学前教育和高中教育的转移支付力度。

适当降低高等教育财政投入占比,完善多渠道经费筹集体制。相关研究表明,偏重于高等教育的财政投入政策在技术水平较高国家的收效更大,但现阶段我国的整体技术水平与发达国家相比还存在一定差距,应适当降低高等教育财政投入占比,为提高基础教育财政投入水平提供空间。与此同时,为避免高等教育经费短缺,应进一步完善多渠道经费筹集体制。一方面,高等教育是具有排他性的准公共物品,应适当提高个人或家庭对高等教育成本的分担比例。另一方面,鼓励和引导个人、企业投资高等教育,完善社会资本兴办高等教育的激励机制,降低社会资本办学的成本与难度;积极寻求社会捐赠,完善捐资助学的相关税收优惠制度与监管体制,提高个人或企业的捐赠积极性。

三、完善教育财政管理体制

在我国目前的教育财政体制下,基础教育财政投入以地方政府为主,中央政府通过转移支付予以一定补助。高等教育实行中央与地方政府共同管理,中央政府承担中央所属高等院校的教育经费,地方政府承担地方所属高等院

---

① 《中国教育经费统计年鉴2019》公布的数据显示,学前教育阶段财政性与非财政性投入占总投入的比重分别为48.30%和51.70%。

第七章　优化财政性教育支出促进经济高质量增长的政策建议

校的教育经费。从教育财政支出的现实状况看，依据2019年的财政决算报告，当年全国公共预算内教育支出为34796.94亿元，中央政府的教育支出为1835.88亿元，地方政府的教育支出为32961.06亿元，中央对地方政府的教育转移支付为3214.34亿元①。地方政府的教育支出包括中央对地方的转移支付，若将中央对地方的转移支付归入中央政府，那么中央政府实际产生的支出为5050.22亿元，占总支出的比重为14.51%，地方政府实际产生的支出为29746.72亿元，占总支出的比重为85.49%，地方政府承担了绝大部分的教育支出责任。然而，在现行的财政体制下，中央政府的财政收入比重较高，财力较为充足，但其在教育支出中的占比较低；地方政府的财力有限，却承担着大部分教育经费。由此可见，中央政府在教育领域所承担的支出责任略显不足。国家于2016年颁布的《关于推进中央与地方财政事权和支出责任划分改革的指导意见》指出，在划分中央与地方政府的支出责任时要充分考虑公共服务的受益范围，公共服务的受益范围越大，中央政府承担的支出责任越多。第六章的实证研究结论表明，财政性教育支出在影响经济增长质量时存在显著的空间溢出效应，本地区的财政性教育支出不仅可以促进辖区内的经济增长质量提升，还可以对邻近地区的经济增长质量产生正向推动作用，因而政府教育投入的受益范围超过了支出边界，这就要求中央政府应承担更多的教育支出责任。

强化中央政府在教育领域的支出责任可以从以下三个方面入手：一是加强中央政府对普通高中教育的支出责任。建立中央与地方政府分档次按比例承担普通高中教育经费的机制，提高中央对地方发展普通高中教育的支持力度，推进普通高中教育高质量发展。二是将基础教育阶段教师工资的部分支出责任上移至中央政府。目前基础教育阶段的教师工资主要由县级政府负担，如果拨付教师工资的部分责任由中央财政承担，不仅可以缓解县级政府的教育财政支出压力，而且有利于提高教师工资待遇与促进公共教育服务均等化。三是强化中央政府对高等教育的支出责任。根据事权、支出责任与财力相匹配的原则，提高中央政府对高等教育的支持力度，改革目前中央与地方政府分担高等教育学生奖助经费的制度，建立以中央政府为主的高等教育学生奖

---

① 中央对地方政府的教育转移支付为各项转移支付的总和，其中主要包括城乡义务教育补助经费、学生资助补助经费、支持学前教育发展资金、义务教育薄弱环节改善与能力提升补助资金、改善普通高中学校办学条件补助资金等9项转移支付。

助体系,以避免学生奖助经费受地方政府财政供给能力波动的影响,这也是体现教育财政中立原则的必然要求。

第二节 优化人力资本空间配置,建立教育投资补偿机制

一、优化人力资本空间配置

加大对中西部以及贫困地区的教育财政投入力度、完善转移支付制度的根本目的在于促进当地教育事业发展与人力资本积累,进而为经济高质量增长提供有力支撑。第五章的实证检验结果也显示,存在显著的"财政性教育支出增加—人力资本积累—经济增长质量提高"的内涵式增长路径,并且人力资本是财政性教育支出促进经济增长质量提升的重要内生性要素。因此,为更好地发挥财政性教育支出的经济增长质量效应,缩小地区间经济增长质量差距,一方面,要优化人力资本的空间配置结构,改善地区间人力资本非均衡配置的状况;另一方面,要引导人力资本合理流动,充分发挥人力资本对提高经济增长效率的积极作用。

优化人力资本空间配置。一方面,上文实证检验结果表明,东部地区凭借教育经费较为充足、人力资本激励与管理体系较为完善等优势,财政性教育支出通过促进人力资本积累进而提升经济增长质量的效率较高,而正是这种高效的内涵式增长模式,使得东部地区的经济增长质量较高。另一方面,人力资本的空间配置实际上是"效率—公平"的权衡问题,如果人力资本的配置状况完全由市场决定,虽然有利于最大限度发挥人力资本价值,但势必会造成经济发达地区人力资本集聚,经济欠发达地区人力资本薄弱,从而不利于经济增长成果更加公平地惠及全体公民。因此,为缩小地区间人力资本积累与经济增长质量差距,应在有效发挥人力资本市场化配置的基础上,加强地方政府对人力资本的引导作用。第一,中西部地区应进一步加强人才引进力度,根据自身发展需要有针对性地引进相应人才,并对引进人才在薪资待遇、配偶就业、子女就学、养老保险、职称评定等方面提供优惠政策;东部沿海地区要加大对国外人才的引进力度,为中西部地区引进国内优秀人才

提供空间。第二，加强地区间的人才交流与合作，深入开展东部地区对中西部地区的人才培训工程，建立更深层次、更大范围的地区间人才合作机制，促进先进的科技知识与管理经验由东部地区流向中西部地区。第三，中西部地区应努力营造有利于人才发展的外部环境，完善人力资本激励机制与服务保障体系，在引进人才的同时，也要留住人才，助力本地区经济高质量增长。

引导人力资本合理流动。通过财政性教育支出与经济增长质量分维度指数的估计结果发现，财政性教育支出未对经济增长效率产生显著影响，这主要是因为目前我国人力资本在生产部门的错配现象较为严重，即在薪酬待遇的激励下，大批具备科研创新能力的高质量人力资本进入了非生产型、非创新型的高收入行业，造成创新部门的创新效率低下，从而弱化了财政性教育支出对经济增长效率的影响。人力资本的产权特性使得其只有通过有效的激励才能充分发挥价值，因此，需要进一步完善人力资本激励机制，尤其是科研创新部门的人力资本激励机制，提高科研创新部门的薪酬待遇，以引导更多高层次人力资本进入科研部门，实现人力资本的适宜匹配，为提升经济增长效率提供人才支撑。

二、建立教育投资补偿机制

教育财政投入具有显著的空间外溢性，这种外溢性对不同层级政府所造成的影响不同。对于最高级别的中央政府而言，其享有全国范围内所有教育投资的收益，可以将教育财政投入的空间溢出效应内在化；但对于地方政府而言，教育财政投入的空间溢出效应使得地方政府可以同时享受到来自本地区与其他地区的教育投资，其他地区的教育投资会在一定程度上替代本地区的教育投资，从而降低了地方政府进行教育投资的积极性，这也是教育经费不足的重要原因。在人口流动限制和流动成本越来越低的现实背景下，我国人力资本大量流向了经济发展状况较好的东部地区，也就是说，对于大部分中西部地区而言，加大政府教育投入不一定能获得对等的投资收益，东部地区在一定程度上"收割"了中西部地区的教育投资收益，这不仅影响了政府在教育领域的投资与收益的均衡关系，也不利于缩小地区间经济增长质量差距。因此，为提高地方政府的教育投资积极性，补偿劳动力流动所带来的教育投资收益流失，促进教育事业健康发展，充分发挥教育财政投入的经济增长质量效应，应建立行之有效的教育投资补偿机制。

根据上文实证分析结果可知,人口流动是教育财政投入产生空间溢出的主要渠道,也是导致教育投资收益流失的主要原因,因而可根据各地区的人口流动状况制定相应的教育投资补偿方案。具体而言,补偿方案的设计思路有两种:一是由人口净流入地区对人口净流出地区进行教育投资补偿,但这种点对点的教育投资补偿机制会在一定程度上阻碍人力资本的自由流动,从而降低人力资本的配置效率。二是中央政府设立"教育投资补偿资金",根据各地区的人口流动规模与结构对地方政府的教育投资进行补偿,这种方式可以在不影响人力资本配置效率的情况下有效补偿地方政府教育投资的外溢效应,因而这种方案的补偿效果更佳。本书第六章对我国各省市人口流动状况的测算结果显示,现阶段人口净流出的省市有山西、内蒙古、辽宁、吉林、黑龙江、江西、山东、河南、湖北、湖南、广西、贵州、云南、陕西和甘肃,其中河南、湖北、湖南、贵州和云南的教育财政投入规模也相对较高,因而中央政府在进行教育投资补偿时应重点关注此类地区。

关于教育投资补偿资金的经费来源,适当提高教育费附加的征收比例,并将教育费附加归入中央财政是一种较为可行的办法,主要原因有以下三点:一是相比于通过财政预算建立专项资金,在现行教育经费筹集制度的基础上加征一定比例教育费附加的政策转换成本较低,有利于在短期内建立起教育投资补偿制度;二是教育费附加以消费税和增值税为计费依据,经费来源充足且稳定,有利于建立长期稳定的教育投资补偿机制;三是将教育费附加归入中央财政对财力充足地区的影响较小,对财力薄弱地区的影响较大,但是教育费附加的最终使用方向是地方政府,并且通过中央财政的再次分配能够有效抵消对财力薄弱地区的不利影响。

第三节 拓宽教育经费来源渠道,完善教育经费监管机制

一、拓宽教育经费来源渠道,推进办学主体多元化

随着我国教育事业的深入发展与教育规模的逐步扩大,对教育经费的需求也日益增加。但是,目前我国仍面临财政性教育支出规模不足的问题,上

第七章 优化财政性教育支出促进经济高质量增长的政策建议

文国际比较的结果显示，无论是财政性教育支出占国内生产总值的比重，还是人均支出水平，我国与同等收入国家和高收入国家均存在一定差距。财政性教育支出规模的大小主要取决于两个因素：一是国家对教育的重视程度，即财政支出中教育支出所占的比重；二是国家财力状况，即财政支出占国内生产总值的比重。提高这两个比重是增加教育财政投入的主要途径。然而，政府公共支出涉及经济社会的多个方面，用于医疗卫生、社会保障、基础设施建设等领域的财政资金也是提高居民生活水平与实现经济高质量发展的重要保障，投入在教育领域的财政资金过多会导致其他领域的财政投入相对不足，从而不利于提升经济增长质量，上文的实证研究结论也证实了这一点。在政策性减税降费、世界经济衰退、全球疫情冲击等多重因素的影响下，未来一段时期我国财政收支压力依然较大，提高财政支出及其占国内生产总值比重的难度较高。因此，拓宽教育经费来源渠道，积极寻求社会力量的支持是目前保障教育经费充足的主要努力方向。

社会资本在教育经费筹集中发挥着重要作用，充分调动全社会教育投入的积极性，鼓励和引导社会资本进入教育领域是缓解政府教育投入压力与拓宽经费来源渠道的有效途径。具体而言，要为投入在教育领域的社会资金提供便捷途径，鼓励和引导社会资本捐资助学，完善捐赠激励机制，对公益性捐赠企业和个人提供财政、税收、金融和土地等方面的优惠政策；改善非义务教育公共服务提供方式，根据经济发展状况、培养成本和公众承受能力，逐步提高个人对非义务教育成本的分担比例。在拓宽教育资金筹集渠道的同时，还要着力推进办学主体多元化。教育的核心目标是培养人力资本，最终形成什么样的人力资本有赖于办学主体，而多元化的办学主体可以形成层次清晰、类型多样的人力资本格局。当前我国经济发展进入新常态，需要更为均衡的人才结构来适应经济发展新要求，因此实施多元办学势在必行。推进办学主体多元化需要深化办学体制改革，形成政府主导、社会各界积极参与的多元化办学体制，实现公办教育和民办教育的协调发展。让国家财政主要负责小学和中学的经费投入，鼓励和引导社会资源流向高等教育，这一方面能够让有限的财政教育资金更多投入到更有利于推动经济高质量增长的基础教育；另一方面利用民间资本的市场竞争机制来提升高等教育的产出效益，在缓解政府教育投入压力的同时，满足公众对公共教育服务多层次、多样化的需求，为经济高质量发展培养多样化、均衡化的人力资本。

二、完善教育经费监管机制，提高资金使用效率

在保障教育经费充足、优化教育经费投入结构的同时，完善教育经费监管机制也是提高教育资金使用效率的重要途径。具体而言，完善教育经费管理机制可以从两个方面入手：一是完善教育经费全过程监管体系；二是加强纪检监察和审计部门对教育经费的监管力度。

完善教育经费全过程监管体系。在教育资金收缴环节，科学编制精细化、完整化的预算，将各类教育经费纳入预算内统一管理，跟踪预算的执行情况并及时向有关预算监督部门反映，审查预算执行结果，评估教育经费使用效率，做到事前、事中和事后全过程监管。制止教育乱收费现象，严禁学校以任何名义收取除正常学费以外的费用，清理和规范与国家政策不符的收费项目。在教育资金拨付和使用环节，严格按照预算规定的内容，及时足额拨付教育经费，提升经费管理科学化、专业化、信息化水平，加快教育资金信息化进程，建立和完善教育经费收支信息库。提高财政教育资金透明度，将资金收支情况定期、及时、完整地公布在有关政府网站和主流媒体，接受公众监督和反馈，及时了解公众对教育公共产品的需求。加强学校财务管理，完善学校财务管理制度，加强财务管理队伍专业化建设，建立财务人员相互监督、相互制约机制，严禁挪用、贪污、侵占教育资金。严格管理学校物资采购，健全学校资产管理制度，定期清查资产情况，防止国有资产流失。

加强纪检监察和审计部门对教育经费的监管力度。除教育部门和财政部门外，纪检监察和审计部门也是监管教育经费筹集和使用状况的重要机构。近年来我国纪检监察部门和审计部门也查处了不少涉及教育经费违规使用的案件，因而有必要进一步加强纪检监察与审计等外部机构对教育经费的监管力度。纪检监察部门是依照国家相关法律和《党章》行使党纪检查与行政监察权力的政府机构，对教育经费实施有效监管也是纪检监察部门的重要职责。因此，应进一步明确纪检监察部门在监管教育经费方面的职责，加强其依法依章监管教育经费筹集、审批以及使用状况的力度。对于学费、教育转移支付、科研经费、学校贷款等各类教育经费，应加强国家审计机构或受政府委托的社会审计机构对其进行全程跟踪审计的力度，以规范教育经费使用过程，提高资金使用效率。

参 考 文 献

[1] 阿尔弗雷德·马歇尔. 经济学原理[M] 刘生龙,译. 北京:中国社会科学出版社,2008.

[2] 艾伯特·赫希曼. 经济发展战略[M]. 北京:经济科学出版社,1991.

[3] 保罗·埃尔霍斯特. 空间计量经济学从横截面数据到空间面板[M]. 肖光恩,译. 北京:中国人民大学出版社,2014.

[4] 庇古. 福利经济学[M]. 朱泱,张胜纪,吴良健,等译. 北京:商务印书馆,2006.

[5] 陈强. 高级计量经济学及Stata应用(第二版)[M]. 北京:高等教育出版社,2014.

[6] 戴维·罗默. 高级宏观经济学[M]. 苏剑,罗涛,等译. 北京:商务印书馆,1999.

[7] 范先佐. 教育经济学新编[M]. 北京:人民教育出版社,2015.

[8] 加里·贝克尔. 人力资本[M]. 梁小明,译. 北京:北京大学出版社,1987.

[9] 卡马耶夫. 经济增长的速度和质量[M]. 陈华山,译. 武汉:湖北人民出版社,1983.

[10] 柯佑祥. 教育经济学[M]. 武汉:华中科技大学出版社,2009.

[11] 李小建. 经济地理学[M]. 北京:高等教育出版社:2004.

[12] 廖楚晖. 教育财政学[M]. 北京:北京大学出版社,2016.

[13] 鲁迪格·多恩布什,斯坦利·费希尔,理查德·斯塔兹. 宏观经济学[M]. 王志伟,译. 北京:中国人民大学出版社,2017.

[14] 任保平,魏婕,郭晗. 中国经济增长质量发展报告[M]. 北京:中国经济出版社,2018.

[15] 任保平. 经济增长质量的逻辑 [M]. 北京: 人民出版社, 2018.

[16] 维诺德·托马斯, 等. 增长的质量 [M]. 张绘, 唐仲, 林渊, 等译. 北京: 中国财政经济出版社, 2001: 29.

[17] 王善迈. 公共财政框架下公共教育财政制度研究 [M]. 北京: 经济科学出版社, 2012.

[18] 西奥多·舒尔茨. 人力资本投资——教育和研究的作用 [M]. 蒋斌, 张蘅, 等译. 北京: 北京商务印书馆, 1990.

[19] 亚诺什·科尔奈. 突进与和谐的增长 [M]. 张晓光, 译. 北京: 经济科学出版社, 1988.

[20] 张军, 范子英, 方红生. 登顶比赛: 理解中国经济发展的机制 [M] 北京: 北京大学出版社, 2017.

[21] 白彦锋, 俞惠. 我国财政性三级教育支出分配结构探究 [J]. 财经理论研究, 2013 (2): 47-54.

[22] 蔡昉. 人口转变、人口红利与刘易斯转折点 [J]. 经济研究, 2010 (4): 4-13.

[23] 蔡增正. 论教育的内在利益与外溢利益 [J]. 江苏高教, 2001 (4): 33-36.

[24] 钞小静, 任保平. 中国经济增长质量的时序变化与地区差异分析 [J]. 经济研究, 2011 (4): 26-40.

[25] 车维平, 白东杰. 财政教育支出区域配置的差异对经济增长的影响 [J]. 现代财经, 2008 (8): 21-24.

[26] 陈纯槿, 郅庭瑾. 世界主要国家教育经费投入规模与配置结构 [J]. 中国高教研究, 2017 (11): 77-105.

[27] 陈晓宇. 我国教育经费充足问题的回顾与展望 [J]. 教育发展研究, 2012 (1): 24-29.

[28] 陈长江, 高波. 新兴发展中国家中 TFP 指标的适用性分析——基于模型的证明 [J]. 世界经济研究, 2010 (2): 3-7.

[29] 陈昭, 刘映曼. 新常态下财政支出结构对经济发展质量的影响效应——基于空间杜宾模型的时空异质性研究 [J]. 财经理论研究, 2020 (2): 12-23.

[30] 程虹, 李丹丹. 一个关于宏观经济增长质量的一般理论——基于

微观产品质量的解释［J］．武汉大学学报（哲学社会科学版），2014（3）：79－85．

［31］杜博士，吴宗法．官员更替、政策不连续性对教育投入的影响研究［J］．软科学，2021（6）：1－13．

［32］邓宏亮，黄太洋．经济发展中教育投入效应的空间计量与门槛分析［J］．中国高教研究，2013（3）：25－31．

［33］董亚娟，孙敬水．中国教育支出对生产率的影响及溢出效应［J］．山西财经大学学报，2010（9）：16－23．

［34］方超，黄斌．教育投入对中国经济增长的影响——基于增长回归框架的空间计量研究［J］．大连理工大学学报（社会科学版），2018，39（6）：91－99．

［35］方芳．明瑟尔人力资本理论［J］．教育与经济，2006（2）：16－18．

［36］方迎风，童光荣．经济增长质量的衡量标准：福利还是效率？［J］．宏观质量研究，2014（3）：47－55．

［37］方颖，褚玉静，朱小川．分层级教育投入的国民经济产出效果研究——基于教育投入的时间滞后效应［J］．大连理工大学学报（社会科学版），2018，39（1）：56－64．

［38］冯海波，葛小南．R&D投入与经济增长质量——基于绿色全要素生产率的省级面板数据分析［J］．软科学，2020，34（4）：7－12．

［39］付凌晖．我国产业结构高级化与经济增长关系的实证研究［J］．统计研究，2010（8）：79－81．

［40］高培勇．关于财政性教育经费支出占GNP比例问题的考虑［J］．财贸经济，1997（12）：21－26．

［41］高艳红，陈德敏，张瑞．再生资源产业替代如何影响经济增长质量？——中国省域经济视角的实证检验［J］．经济科学，2015（1）：18－28．

［42］顾佳峰．县际竞争和公共教育财政资源配置——基于空间经济计量研究［J］．经济地理，2012（4）：38－43．

［43］郭立宏．对经济增长质量理论逻辑的系统研究［J］．西北大学学报（哲学社会科学版），2015（6）：175－176．

［44］郭玉清，刘红，郭庆旺．中国财政科教支出动态经济效应分析［J］．财经研究，2006（5）：94－107．

[45] 郝宏杰. 财政支出、空间溢出效应与服务业增长——基于中心城市数据的空间杜宾模型分析 [J]. 上海财经大学学报, 2017, 19 (4): 79-91.

[46] 郝硕博, 倪霓. 创新异质性、公共教育支出结构与经济增长 [J]. 财贸经济, 2014 (7): 37-49.

[47] 何强. 要素禀赋、内在约束与中国经济增长质量 [J]. 统计研究, 2014 (1): 70-77.

[48] 胡咏梅, 唐一鹏. "后4%时代"的教育经费应该投向何处——基于跨国数据的实证研究 [J]. 北京师范大学学报 (社会科学版), 2014 (5): 13-24.

[49] 胡玉玲, 申福广. 国际视野中的我国教育经费层级配置结构 [J]. 教育发展研究, 2013 (5): 13-18.

[50] 黄少安, 姜树广. 城乡公共基础教育均等化了吗?——对城乡基础教育财政支出和教育质量历史趋势的实证考察 [J]. 社会科学战线, 2013 (7): 80-85.

[51] 黄志基, 贺灿飞. 制造业创新投入与中国城市经济增长质量研究 [J]. 中国软科学, 2013 (3): 89-100.

[52] 金戈. 不同层次和来源教育投入对地区全要素生产率的影响 [J]. 浙江社会科学, 2014 (6): 117-127.

[53] 景维民, 王瑶, 莫龙炯. 教育人力资本结构、技术转型升级与地区经济高质量发展 [J]. 宏观质量研究, 2019, 7 (4): 18-32.

[54] 康梅. 投资增长模式下经济增长因素分解与经济增长质量 [J]. 数量经济技术经济研究, 2006 (2): 154-160.

[55] 李敬, 陈澍, 万广华, 等. 中国区域经济增长的空间关联及其解释——基于网络分析方法 [J]. 经济研究, 2014 (11): 4-16.

[56] 李静, 楠玉, 刘霞辉. 中国经济稳增长难题: 人力资本错配及其解决途径 [J]. 经济研究, 2017 (3): 18-31.

[57] 李梦欣, 任欣怡. 中国省域经济增长质量的测度、评价及其路径设计 [J]. 统计信息论坛, 2020 (4): 61-72.

[58] 李盛基, 吕康银, 金凤龄. 财政教育支出减贫的空间溢出效应分析 [J]. 税务与经济, 2016 (6): 48-52.

[59] 李世刚, 尹恒. 县级基础教育财政支出的外部性分析——兼论

"以县为主"体制的有效性 [J]. 中国社会科学, 2012 (11): 81-97.

[60] 李晓欣. 基于空间计量模型的地区财政教育支出对经济增长影响研究 [J]. 天津大学学报 (社会科学版), 2014 (1): 22-25.

[61] 李永友. 转移支付与地方政府间财政竞争 [J]. 中国社会科学, 2015 (10): 114-133.

[62] 李贞. 我国财政教育支出总量与结构的变动趋势研究 [J]. 中央财经大学学报, 2012 (11): 1-6.

[63] 李振宇, 李涛. 财政分权视角下地方政府高等教育投入的竞争效应分析 [J]. 中国高教研究, 2020 (3): 39-43, 70.

[64] 李振宇, 王骏. 中央与地方教育财政事权与支出责任的划分研究 [J]. 清华大学教育研究, 2017, 38 (5): 35-43.

[65] 李盈萱, 方毅. 教育财政策略互动与区域协调发展——基于空间溢出效应视角 [J]. 华东师范大学学报 (教育科学版), 2021, 39 (6): 112-125.

[66] 廖楚晖. 政府教育支出区域间不平衡的动态分析 [J]. 经济研究, 2004 (6): 41-49.

[67] 林理升, 王晔倩. 运输成本、劳动力流动与制造业区域分布 [J]. 经济研究, 2006 (3): 115-125.

[68] 刘海英, 张纯洪. 中国经济增长质量提高和规模扩张的非一致性实证研究 [J]. 经济科学, 2006 (2): 13-22.

[69] 刘建民, 欧阳玲, 毛军. 财政教育支出的农村减贫效应研究——基于网络空间结构的分析 [J]. 财经理论与实践, 2018 (6): 64-68.

[70] 刘树成. 论又好又快发展 [J]. 经济研究, 2007 (6): 4-13.

[71] 刘晓欣, 张耀. 中国区域经济增长的空间分布与空间关联——基于实体经济与虚拟经济的视角 [J]. 经济理论与经济管理, 2020 (6): 4-20.

[72] 刘亚建. 我国经济增长效率分析 [J]. 思想战线, 2002 (4): 30-33.

[73] 吕炜, 杨沫, 王岩. 城乡收入差距、城乡教育不平等与政府教育投入 [J]. 经济社会体制比较, 2015 (3): 20-33.

[74] 马海涛, 郝晓婧. 中央和地方财政事权与支出责任划分研究——以公共教育领域为例 [J]. 东岳论丛, 2019, 40 (3): 46-60.

[75] 马茹, 罗晖, 王宏伟, 等. 中国区域经济高质量发展评价指标体

系及测度研究[J]. 中国软科学, 2019 (7): 60-67.

[76] 毛建华. 指标赋权方法比较[J]. 广西大学学报(哲学社会科学版), 2007 (4): 135-136.

[77] 闵维方. 教育促进经济增长的作用机制研究[J]. 北京大学教育评论, 2017 (3): 123-136.

[78] 潘奇. 论教育的外部性[J]. 湖南师范大学教育科学学报, 2008 (2): 40-42.

[79] 潘文卿. 中国的区域关联与经济增长的空间溢出效应[J]. 经济研究, 2012 (1): 54-65.

[80] 彭国华. 中国地区收入差距、全要素生产率及其收敛分析[J]. 经济研究, 2005 (9): 19-29.

[81] 浦小松. 公共教育投入结构、延迟效应与经济增长——基于面板分位数模型的研究[J]. 现代教育管理, 2016 (9): 39-46.

[82] 钱雪松, 杜立, 马文涛. 中国货币政策利率传导有效性研究: 中介效应和体制内外差异[J]. 管理世界, 2015 (11): 11-28.

[83] 钱雪亚, 缪仁余, 胡博文. 教育投入的人力资本积累效率研究——基于随机前沿教育生产函数模型[J]. 中国人口科学, 2014 (2): 74-83.

[84] 秦玉友. 教育如何为人的城镇化提供支撑[J]. 探索与争鸣, 2015 (9): 82-86.

[85] 任保平. 经济增长质量: 经济增长理论框架的拓展[J]. 经济学动态, 2013 (11): 45-51.

[86] 任保平. 经济增长质量: 理论阐述、基本命题与伦理原则[J]. 学术月刊, 2012, 44 (2): 63-70.

[87] 任保平. 经济增长质量的内涵、特征及其度量[J]. 黑龙江社会科学, 2012 (3): 56-59.

[88] 沈利生, 王恒. 增加值率下降意味着什么[J]. 经济研究, 2006 (3): 59-66.

[89] 师博, 任保平. 中国省际经济高质量发展的测度与分析[J]. 经济问题, 2018 (4): 1-6.

[90] 宋丽颖, 张伟亮. 财政支出对经济增长空间溢出效应研究[J]. 财政研究, 2018 (3): 31-41.

[91] 苏振东,周玮庆. 外商直接投资对中国环境的影响与区域差异——基于省际面板数据和动态面板数据模型的异质性分析[J]. 世界经济研究, 2010(6): 63-67.

[92] 孙东生,易加斌. 人力资本存量与经济增长关系实证研究——基于国际比较视角[J]. 商业研究, 2013(9): 7-15.

[93] 孙萌,台航. 基础教育的财政投入与人力资本结构的优化——基于CHIP数据和县级数据的考察[J]. 中国经济问题, 2018(5): 68-85.

[94] 孙阳春,朱莲花. 地方高等教育收益的"空间溢出"及困境[J]. 高教探索, 2016(10) 52-55.

[95] 唐东会,唐珊雅. 财政性教育支出与全要素生产率的关系研究——基于我国1952—2013年数据的实证检验[J]. 宁夏社会科学, 2016(5): 121-128.

[96] 唐建荣,杜聪,李晓静. 中国物流业经济增长质量实证研究——基于绿色全要素生产率视角[J]. 软科学, 2016(11): 10-14.

[97] 陶元磊,李强. 地方高等教育财政投入与区域经济发展的协同效应研究——基于省际面板数据的空间因果性分析[J]. 复旦教育论坛, 2015(1): 74-81.

[98] 田祖萌,武娜. 教育对经济增长的影响机制分析:来自发展中国家的经验数据[J]. 中央财经大学学报, 2007(12): 59-63.

[99] 王家齐,闵维方. 教育公平对省域经济增长的影响研究[J]. 教育与经济, 2021, 37(1): 19-28.

[100] 王蓉,杨建芳. 中国地方政府教育财政支出行为实证研究[J]. 北京大学学报(哲学社会科学版), 2008(4): 128-137.

[101] 王雨飞,倪鹏飞. 高速铁路影响下的经济增长溢出与区域空间优化[J]. 中国工业经济, 2016(2): 21-36.

[102] 魏婕,任保平. 中国各地区经济增长质量指数的测度及其排序[J]. 经济学动态, 2012(4): 27-33.

[103] 魏敏,李书昊. 新常态下中国经济增长质量的评价体系构建与测度[J]. 经济学家, 2018(4): 19-25.

[104] 温忠麟,张雷,侯杰泰,等. 中介效应检验程序及其应用[J]. 心理学报, 2004, 36(5): 614-620.

[105] 吴春霞,何忠伟,郑小平. 城乡公共品财政投入差距及影响因素分析——以农村义务教育为例 [J]. 农村经济, 2009 (5): 66-70.

[106] 席鹏辉,黄晓虹. 财政压力与地方政府行为——基于教育事权改革的准自然实验 [J]. 财贸经济, 2020 (7): 36-50.

[107] 肖欢明. 基于绿色 GDP 的我国经济增长质量测度 [J]. 统计与决策, 2014 (9): 27-29.

[108] 徐现祥,李郇. 中国省际贸易模式:基于铁路货运的研究 [J]. 世界经济, 2012, 35 (9): 41-60.

[109] 姚先国. 教育、人力资本与地区经济差异 [J]. 经济研究, 2008 (5): 47-57.

[110] 叶初升,李慧. 以发展看经济增长质量:概念、测度方法与实证分析——一种发展经济学的微观视角 [J]. 经济理论与经济管理, 2014 (12): 17-32.

[111] 叶杰,周佳民. 中国生均教育经费支出的省际差异:内在结构、发展趋势与财政性原因 [J]. 教育发展研究, 2017 (23): 30-41.

[112] 殷德生,范剑勇. 中国宏观经济增长质量的研究进展——理论综述与政策含义 [J]. 宏观质量研究, 2013 (3): 15-24.

[113] 印月. 中国财政支出的教育层次结构问题及改进 [J]. 财政研究, 2013 (2): 60-63.

[114] 于敏,王小林. 中国经济的包容性增长:测量与评价 [J]. 经济评论, 2012 (3): 30-37.

[115] 虞晓芬,傅玳. 多指标综合评价方法综述 [J]. 统计与决策, 2004 (11): 119-121.

[116] 詹新宇,崔培培. 中国省际经济增长质量的测度与评价——基于"五大发展理念"的实证分析 [J]. 财政研究, 2016 (8): 40-52.

[117] 詹新宇,刘文彬. 中国财政性教育支出的经济增长质量效应研究——基于"五大发展理念"的视角 [J]. 教育与经济, 2019 (1): 46-57.

[118] 张波,张放平. 财政教育支出与经济增长关系的实证 [J]. 统计与决策, 2021, 37 (2): 112-115.

[119] 张春梅,张小林,徐海英,等. 基于空间自相关的区域经济极化结构演化研究——以江苏省为例 [J]. 地理科学, 2018, 38 (4): 557-563.

[120] 张军, 吴桂英, 张吉鹏. 中国省际物质资本存量估算: 1952—2000 [J]. 经济研究, 2004 (10): 35-44.

[121] 张辽. 要素流动、产业转移与地区产业空间集聚——理论模型与实证检验 [J]. 财经论丛（浙江财经大学学报）, 2016 (6): 3-10.

[122] 张鹏. 我国贸易依存度与经济增长的适度比例 [J]. 国际贸易问题, 2008 (4): 16-22.

[123] 张同功, 张隆, 赵得志, 等. 公共教育支出、人力资本积累与经济增长: 区域差异视角 [J]. 宏观经济研究, 2020 (3): 132-144.

[124] 张海峰, 姚先国, 张俊森. 教育质量对地区劳动生产率的影响 [J]. 经济研究, 2010, 45 (7): 57-67.

[125] 张望. 财政支出结构、人力资本积累与经济增长 [J]. 农业经济研究, 2011 (2): 77-86.

[126] 张伟丽, 叶信岳, 李栋, 等. 网络关联、空间溢出效应与中国区域经济增长——基于腾讯位置大数据的研究 [J]. 地理科学, 2019, 39 (9): 1371-1377.

[127] 张新文, 李文军. 我国地方政府教育经费支出充足性探讨 [J]. 教育发展研究, 2013 (23): 12-18.

[128] 张腾, 蒋伏心, 韦朕韬. 财政分权、晋升激励与经济高质量发展 [J]. 山西财经大学学报, 2021, 43 (2): 16-28.

[129] 赵曼, 王玺玮. 农村公共教育支出与地区经济增长——基于劳动力流动视角的分析 [J]. 中国人口科学, 2017 (5): 29-39.

[130] 赵昕东, 刘成坤. 人口老龄化对制造业结构升级的作用机制研究——基于中介效应模型的检验 [J]. 中国软科学, 2019 (3): 153-163.

[131] 赵英才, 张纯洪, 刘海英. 转轨以来中国经济增长质量的综合评价研究 [J]. 吉林大学社会科学学报, 2006 (3): 27-35.

[132] 赵海利, 陈芳敏, 周晨辉. 高等教育财政事权与支出责任的划分——来自美国的经验 [J]. 经济社会体制比较, 2020 (2): 31-38.

[133] 郑钦月, 王铮, 刘昌新, 等. 研发投资对经济增长影响——基于异质性研发部门的动态 CGE 分析 [J]. 中国软科学, 2018 (11): 31-40.

[134] 郑玉歆. 全要素生产率的再认识——用 TFP 分析经济增长质量存在的若干局限 [J]. 数量经济技术经济研究, 2007 (9): 3-11.

[135] 周杰文,后灵芝. 中国财政性教育经费对经济增长贡献率的区际差异分析 [J]. 经济问题探索,2014 (8):150-155.

[136] 周远翔,宋旭光,张丽霞. 教育财政投入、空间收敛与基础教育公平 [J]. 北京师范大学学报 (社会科学版),2019 (5):135-147.

[137] 朱耘婵,王银梅. 财政教育投入对地区经济增长的贡献分析——基于2003—2013年省际经验数据 [J]. 湖北社会科学,2017 (4):88-94.

[138] 祝接金,胡永平. 政府教育支出、人力资本异质性与地区经济增长 [J]. 统计与决策,2008 (6):82-84.

[139] 祝树金,虢娟. 开放条件下的教育支出、教育溢出与经济增长 [J]. 世界经济,2008 (5):56-67.

[140] 宗晓华,陈静漪."新常态"下中国教育财政投入的可持续性与制度转型 [J]. 复旦教育论坛,2015 (6):5-11.

[141] Bray M. Counting the Full Cost: Parental and Community Financing of Education in East Asia [M]. Washington, D. C.: The World Bank, 1996.

[142] Carneiro P. , Heckman J. Human Capital Policy, in: Heckman J. et al (eds), Inequality in America: What Role for Human Capital Policies? [M]. Cambridge: MIT Press, 2003.

[143] Denison E. The Source of Economic Growth in the United States and the Alternatives Before Us [M]. New York: Committee for Economic Development, 1962.

[144] Lesage J. Pace R. K. Introduction to Spatial Econometrics [M]. Boca Raton: CRC Press, 2009.

[145] Martin J. D. Hill. The Harambee Movement in Kenya: Self-help, Development and Education Among the Kamba of Kitui District [M]. LSE Monographs on Social Anthropology 64, London: Athlone Press, 1991.

[146] Oates W. Fiscal Federalism [M]. New York: Harcourt Brace Jovanovich, 1972.

[147] Keen M. , Marchand M. Fiscal Competition and the Pattern of Public Spending [J]. Journal of Public Economics, 1997, 66 (1): 33-53.

[148] Agenor, Pierre-Richard. Schooling and Public Capital in a Model of Endogenous Growth [J]. Economica, 2011, 78 (309): 108-132.

［149］Aghion P., Boustan L., Hoxby C., Vandenbussche J. Exploiting States' Mistakes to Identify the Causal Impact of Education on Growth［J］. Harvard University Manuscript, 2005.

［150］Atems Bebonchu, Liu Qingyang. Public Education Expenditures, Taxation and Growth: a state – level analysis［J］. Applied Economics Letters, 2020, 27 (21): 1730 – 1734.

［151］Alesina A., Wacziarg R. Openness, Country Size and Government［J］. Journal of Public Economics, 1998, 69 (3): 305 – 321.

［152］Anselin L. Spatial Econometrics: Methods and Model［J］. Economic Geography, 1987 (2): 160 – 162.

［153］Artige L., Cavenaile L. Public Education Expenditures, Growth and Income Inequality［R］. Working Paper in SSRN Electronic Journal, 2017.

［154］Becker G. Investment in Human Capital: A Theoretical Analysis［J］. Journal of Political Economy, 1962, 70 (5): 9 – 49.

［155］Besley T., Coate S. Centralized versus Decentralized Provision of Local Public Goods: A Political Economy Approach［J］. Journal of Public Economics, 2003, 87 (12): 2611 – 2637.

［156］Blankenau W., Simpson N., Tomljanovich M. Public Education Expenditures, Taxation and Growth: Linking Data to Theory［J］. American Economic Review, 2007, 97 (2): 393 – 397.

［157］Blankenau, William F. Public Schooling, College Subsidies and Growth［J］. Journal of Economic Dynamics and Control, 2005, 29 (3): 487 – 507.

［158］Burney, N. A. Wagner's Hypothesis: Evidence from Kuwait Using Cointegration Test［J］. Applied Economics, 2002 (34): 49 – 57.

［159］Cai H., Treisman D. Does Competition for Capital Discipline Governments? Decentralization, Globalization and Public Policy［J］. American Economic Review, 2005, 95 (3): 817 – 830.

［160］Cohen J. P., Paul C. M. The Impacts of Transportation Infrastructure on Property Values: A Higher – order Spatial Econometrics Approach［J］. Journal of Regional Science, 2007, 47 (3): 457 – 478.

[161] Feldman M. P. Location and Innovation: The new Economic Geography of Innovation, Spillovers and Agglomeration [A]. in: Clark G., Feldman M., Gertler M. (Eds.). Oxford Handbook of Economic Geography [C]. Oxford: Oxford University Press, 2000: 373 - 394.

[162] Fingleton B., Lopez - Bazo E. Empirical Growth Models with Spatial Effects [J]. Papers in Regional Science, 2006, 85 (2): 177 - 198.

[163] Fujita M., J. V. Henderson, Y. Kanemoto, T. Mori. Spatial Distribution of Economic Activities in Japan and China, Handbook of Urban and Regional Economics [M]. to be published, 2003: 49 - 95.

[164] Granado F. J. A. D., Martinez - Vazquez J., Mcnab R. Fiscal Decentralization and the Functional Composition of Public Expenditures [J]. International Center for Public Policy Working Paper, 2005, 35 (2): 55 - 62.

[165] Gregory C., Chow, Kui - Wai Li. China's Economic Growth: 1952—2010 [J]. Economic Development and Culture Change, 2002, 51 (1): 247 - 256.

[166] Heckman J. et al. Understanding the Mechanisms through Which an Influential Early Childhood Program Boosted Adult Outcomes [J]. American Economic Review, 2013, 103 (6): 2052 - 2086.

[167] Heckman J., Masterov D. V. The Productivity Argument for Investing in Young Children [J]. Review of Agricultural Economics, 2007, 29 (3): 446 - 493.

[168] L. E. Klopfer. A Structure for the Affective Domain in Relation to Science Education [J]. Science Education, 1976, 60 (3): 299 - 312.

[169] Liyin Chen. The Measurement and Evaluation of China's Provincial Economic Growth Quality Based on Entropy Method [J]. World Scientific Research Journal, 2021, 7 (4): 53 - 59.

[170] Lucas R. E. On the Mechanics of Economic Development [J]. Journal of Monetary Economics, 1988 (22): 783 - 792.

[171] MacKinnon D. P., Lockwood C. M., Hoffman J. M., West S. G., Sheets V. A Comparison of Methods to Test Mediation and Other intervening Variable Effects [J]. Psychological Methods, 2002, 7 (1): 83 - 104.

[172] Mankiw N., Romer D., Weil D. A Contribution to the Empirics of Economic Growth [J]. Quarterly Journal of Economics, 1992, 107 (5): 407 – 438.

[173] Mlachila M., Tapsoba R., Tapsoba S. J. A. A Quality of Growth Index for Developing Countries: A Proposal [R]. IMF Working Paper, 2014: 172.

[174] Psacharopoulos G., Patrinos H. A. Returns to Investment in Education: A Further Update [J]. Education Economics, 2004, 12 (2): 111 – 134.

[175] Robert J. Barro. Quantity and Quality of Economic Growth [R]. Central Bank of Chile, 2002: 1 – 25.

[176] Samuelson P. A. The Pure Theory of Public Expenditure. The Review of Economics and Statistics [J]. 1954, 36 (4): 387 – 389.

[177] Schultz T. Investment in Human Capital [J]. American Economic Review, 1961, 51 (1): 1 – 17.

[178] Solow R. M. A Contribution to the Theory of Economic Growth [J]. Quarterly Journal of Economics, 1956, 70 (1): 65 – 94.

[179] Sylwester K. Income Inequality, Education Expenditures, and Growth [J]. Journal of Development Economics, 2000, 63 (2): 379 – 398.

[180] Teixeira A. C., Queirós A. S. Economic growth, human capital and structural change: A dynamic panel data analysis [J]. Research Policy, 2016, 45 (8): 1608 – 1636.

[181] Tobler W. A Computer Movie Simulating Urban Growth in the Detroit Region [J]. Economic Geography, 1970, 46 (1): 234 – 240.

[182] Vandenbussche J., Aghion P., Meghir C. Growth, Distance to Frontier and Composition of Human Capital [J]. Journal of Economic Growth, 2006, 11 (2): 97 – 127.

[183] Zhou Jin, Raza Ali, Sui Hongguang. Infrastructure investment and economic growth quality: Empirical analysis of China's regional development [J]. Applied Economics, 2021, 53 (23): 1 – 16.